Katharina Rutz

Ein Jahr in Peking

Katharina Rutz

Ein Jahr in Peking

Reise in den Alltag

HERDER

FREIBURG · BASEL · WIEN

Originalausgabe

© Verlag Herder GmbH, Freiburg im Breisgau 2008
Alle Rechte vorbehalten
www.herder.de

Satz: Dtp-Satzservice Peter Huber, Freiburg
Herstellung: CPI Moravia Books, Pohorelice

Gedruckt auf umweltfreundlichem,
chlorfrei gebleichtem Papier
Printed in Czech Republic

ISBN 978-3-451-05962-9

Inhalt

Januar 7

Februar 24

März 38

April 50

Mai 70

Juni 83

Juli 96

August 113

September 129

Oktober 144

November 160

Dezember 176

一月

Januar

„Eine Reise von tausend Meilen", sagt Lao Tse, „beginnt mit einem einzigen Schritt." Meine Reise nach Peking hat ihren Anfang mit dem Schritt an Bord der Lufthansa-Maschine genommen, die mich von Hamburg nach Frankfurt bringen sollte. Im Flugzeug sitze ich neben Konstantin und seiner Schwester. Konstantin ist ungefähr drei Jahre alt, die Schwester vielleicht sechs. Unermüdlich liest sie uns vom „Kleinen Bären" vor. Das ist einer dieser Momente, in denen man in jeder Laune gute Miene machen muss, sind es doch so niedliche kleine Kinder. Da es sich nur um einen einstündigen Flug von Hamburg nach Frankfurt handelt, lehne ich mich also zurück und höre geduldig der Geschichte vom Bären zu. Konstantin – so heißt auch mein Bruder. Wehmütig wandern meine Gedanken von dem Honigfass, das der Bär gerade entdeckt hat, zu den unbeschwerten Tagen im Kreise meiner Familie. Wieder steigt diese Beklommenheit in mir auf. Ich halte den Atem an und versuche, weitere Gedanken zu unterdrücken.

Lauter gut gemeinte Wünsche und Ermahnungen lasten auf meinen Schultern. „Pass gut auf dich auf!" ist wohl der Satz, den ich heute am meisten gehört habe. Als mein Vater das zum dritten Mal sagte, wurde ich ungeduldig. „Jetzt steigert euch da nicht so rein, ich bin gesund und munter, und Peking ist bestimmt sicher." Bestimmt. Dass es unsicher sei, davon hatte in den letzten Wochen keiner gesprochen, und zu Peking und China hatte ich in den letzten Wochen nun wirklich viele Ratschläge erhalten. „Nimm dir bloß genug Kosmetik mit, das gibt es in Peking bestimmt nicht!", riet meine Mutter, und so durfte sich unsere Stammparfümerie in Hamburg noch über einen mittleren Großeinkauf freuen. Doch meine Sorgen drehten sich eher um grundsätzlichere Dinge: Wie wird bloß meine Wohnung aussehen? Werden meine Kollegen mich akzeptieren? Wie kommt man von A nach B, ohne die Sprache sprechen oder gar lesen zu können, und das in einer Stadt, in der obendrein niemand Englisch spricht? Und hoffentlich gibt es ein akzeptables Nachtleben ... Nun hatten mich die Studienjahre im kleinen Schweizer Bergstädtchen Brig nicht gerade an ein ernstzunehmendes Nightlife gewöhnt, doch immerhin hatten wir zwei Bars und einen Club. Vor allem die zweihundert Kommilitonen aus aller Welt hatten die Nacht zum Tag werden lassen. Lächerlich eigentlich, ich kann doch nicht ernsthaft bezweifeln, dass ich in Peking weniger als in Brig antreffe ... Genug davon. Doch mit wem werde ich in Peking die Samstagnächte und anschließend die müden Sonntage verbringen? Chinesen sind da doch viel zu schüchtern. Das war ja schon an meiner Uni so. Chinesen waren nur im Rudel anzutreffen, und Rudelführer war meistens, wer an demselben Abend die Community mit heimischen Köstlichkeiten bekochen wollte. Wenn man sie in einer Bar vorfand, dann nur mit hochroten Köpfen – vielleicht stimmt es wirklich, dass ihnen zum Alkoholabbau das entscheidende Gen fehlt?

Konstantin fängt zu schreien an. Seine Mutter, die hinter mir sitzt, greift zwischen den schmal gebauten grauen Sitzen mit beiden Armen nach vorne, um ihren Jungen während des Abfluges festzuhalten. Super, denke ich, sie wird

8

schon wissen, warum ich und nicht sie neben ihren Kindern sitze. Wir sind in der Luft, und in der Hoffnung, noch einen letzten Blick auf die Alster oder den Michel werfen zu können, verrenke ich mir fast den Nacken. Wie nah die Alster an der Elbe liegt! Was mit dem Auto etwa eine Viertelstunde Fahrt bedeutet, scheint jetzt kaum einen Schritt voneinander entfernt. Kleine Containerschiffe ziehen sich Millimeter für Millimeter durch die immer breiter werdende Elbe. Wohin sie bloß fahren? Plötzlich fühle ich eine enge seelische Verbindung zwischen dem Schiffskapitän und mir, sind wir doch beide auf dem Weg in die weite Welt. Wahrscheinlich fährt er nach Shanghai, man liest ja schließlich ständig vom wachsenden Handel mit China. Shanghai ist außerdem Hamburgs Partnerstadt und China zweitwichtigster Exportmarkt für Deutschland. Langsam verschwindet Hamburg in der Ferne, und bevor sich meine Nackenstarre löst, blicke ich noch ein letztes Mal auf die Alsterfontäne. Von der Schwerkraft in meinen Sitz zurückgezogen, schließe ich die Augen.

Ja, es ist die richtige Entscheidung. Wenn es dir nicht gefällt, brichst du halt deine Zelte wieder ab und kommst zurück. Und was soll schon schiefgehen? Hoffentlich lerne ich schnell nette Leute kennen, denn es sind ja doch immer die Menschen, die einen Ort ausmachen, und nicht die Schönheit und die Sehenswürdigkeiten einer Stadt. Es ist also die Software, die funktionieren muss, damit man mit der Hardware überhaupt etwas anfangen kann. Selbst aus dem Bergdorf Brig bin ich mit Tränen abgereist. Man wächst im Ausland einfach schneller mit anderen Ausländern zusammen, denn jeder sucht ja eine Art Ersatzfamilie. Da werden oberflächliche Floskeln ganz schnell abgelegt. Bestimmt ist das auch in Peking so. Wenn ich dem motivierenden Spruch meines Bruders, „du kriegst auch einen 65-jährigen Pakistani dazu, auf der Theke zu tanzen und Bier zu trinken", Glauben schenke, dann werde ich ja wohl auch mit den Chinesen zurechtkommen.

Die Bärengeschichte scheint zu Ende zu gehen, denn laut protestiert Konstantin neben mir. O nein, da zieht das blonde Mädchen ein weiteres Buch heraus, *Asterix und Obelix*. Nun gut, wenigstens ist es der Band *Asterix bei den Olympischen Spielen*, vielleicht hilft mir das noch bei meiner weiteren Peking-Vorbereitung. Endlich kommen die Getränke, und nach der lieb gemeinten Ermahnung meiner Eltern, gesund zu leben, verzichte ich darauf, meine Abreise zu begießen, und nehme nur ein Wasser; die ganze Sitzreihe vor mir – alle mit der *Bild* in der Hand – ordert Sekt.

Besonders vor der Hygiene der Chinesen wurde ich oft gewarnt. „Lass beim Autofahren immer das Fenster zu, denn wenn ein anderer Fahrer spuckt, kann es gut sein, dass man mal was abkriegt." Super Tipp. Mit einem allwissenden Gesichtsausdruck sagte Bettina beim letzten Abi-Nachtreffen: „Mutig, dass du nach China gehst. Ich sollte auch gerade für meine Firma drei Monate nach Shanghai, aber das habe ich natürlich abgelehnt." Ganz war ich mir über dieses „natürlich" nicht im Klaren … „Warum denn?", hakte ich vorsichtig nach, und hoffte, dass ihr offensichtlich so triftiger Grund nicht meine Entscheidung, nach Peking zu gehen, als töricht entlarven würde. Hatte ich vielleicht ein dramatisch wichtiges und völlig offensichtliches, alle guten Argumente hinwegwischendes Contra übersehen? „Ich habe eine Erdnuss-Allergie", sagte sie da, „und finde in China mal was zu essen ohne Erdnüsse. Das sieht man ja schon am China-Restaurant in der Bahnhofstraße." Erleichtert wandte ich mich in Gedanken bereits ab, während sie noch von der Unverschämtheit ihrer Vorgesetzten erzählte, die ihrem so guten Grund kein Verständnis entgegengebracht hatten. Allergien habe ich nicht, das ist doch schon mal ein guter Start. Und eigentlich esse ich auch alles, und Hühnerfüße jeglicher Zubereitungsart werden sich sicher vermeiden lassen. Immerhin isst man ja auch in der Schweiz nicht jeden Tag Käsefondue.

Ein ehemaliger Kommilitone schickte mir, vermutlich als nette Aufmunterung gemeint, die 25 Punkte, die beweisen, dass man zu lange in China ist:
— Du denkst, Freitagabend Karaoke zu singen macht Spaß.
— Du isst Nudelsuppe zum Frühstück.
— Du läufst auf der Straße im Schlafanzug herum.
— Du drängelst dich immer vor und verstehst nicht, warum sich die anderen hinten in der Schlange anstellen.
— Du kannst auf Kommando in Tiefschlaf verfallen, egal, wo du dich gerade befindest.
— Du beginnst, andere Ausländer „Lao Wai" zu nennen.
— Du findest es spannend, in einen Lift einzusteigen, bevor irgendjemand aussteigen kann.
— Du glaubst, McDonald's und Pizza Hut seien etwas Besonderes.
— Du bist inzwischen der Letzte deiner ersten ausländischen Freunde in Beijing.
— Du bevorzugst es, mit Stäbchen zu essen.
— Du beginnst, große Fahrzeuge mit deinem Fahrrad zu schneiden.
— Du hast deiner Mutter beim letzten Besuch als Erstes deine Business-Card gegeben.
— Du lässt dir einen langen Fingernagel wachsen, um zu zeigen, dass du nicht mehr körperlich arbeiten musst.
— Luftverschmutzung … – Welche Luftverschmutzung?

— Du kaufst dir eine Sonnenbrille und lässt die Qualitäts- und Markenaufkleber auf dem Glas, weil du denkst, es würde sich so gehören.

— Du versuchst, die Sonne zu meiden, weil sie dir die Blässe nehmen könnte.

— Du kannst stundenlang an der Straße in der Hocke sitzen, ohne dass die Hacken auch nur einen hundertstel Millimeter Bodenkontakt verlieren.

— Die Fußabdrücke auf der Toilettenbrille sind deine eigenen.

— Du wunderst dich nicht mehr, wenn drei Männer mit einer Leiter erscheinen, um eine Glühbirne zu wechseln.

— Du sprichst beim Telefonieren so laut wie möglich, damit jeder hören kann, was du zu sagen hast.

— Du gehst für den Sonntagsnachmittagsschlaf zu Ikea in die Sofaabteilung.

— Du setzt dich im Kino oder im Flugzeug trotz Platzkarten auf irgendeinen beliebigen Platz und wunderst dich, wenn dich jemand auffordert, diesen freizumachen.

— Du benutzt als Autofahrer die Hupe öfters als die Bremsen.

— Du antwortest auf die Frage „Gehen wir ein bisschen im Wald spazieren?" mit „Warum, kann man da einkaufen?".

— Du verstehst alle oben aufgeführten Anspielungen.

Da zumindest Punkt 25 bei mir noch nicht zutrifft, mache ich mir für den Moment keine weiteren Sorgen. Irgendwann aber will ich China verstanden haben, und eben auch diese 25 Punkte. Sie werden schon einen wahren Kern haben. Aber welche Kriterien spielen eigentlich bei einem so gravierenden Orts- und Kulturwechsel eine Rolle, und welche nicht? Ob Chinesen bei Ikea schlafen, zu dritt eine Glühbirne wechseln, in der Hocke sitzen oder im Schlafanzug auf die Straße gehen, finde ich nicht allzu spannend. Punkt 24 scheint schon auf etwas viel Wesentlicheres anzuspielen. Ich stelle mir ein waldloses Land vor, mit Millionen und Abermillionen kaufhaussstürmender, markensüchtiger Menschen, ein Volk gigantomanischer Konsumsucht ... Dabei hatte ich mich auf weise Gespräche gefreut, mit steinalten Chinesen, die lange hellgraue Bärte in ihren gegerbten Gesichtern tragen würden. Auch dachte ich an würdevolle Teezeremonien, an Kongfu-Meister, an Idealisten, an interessante und neugierige Menschen, die sich immerfort unterhalten wollen. Mit Händen und Füßen, versteht sich.

Während ich mich, innerlich wieder gefasst, gedanklich auf eine einsame Zeit in Peking einstelle, ohne Freunde und in einem Kaufhauslabyrinth hausend, werde ich abrupt geweckt. Tische hoch – wir landen in Frankfurt. Konstantins Mutter wirft sich über unsere Sitzlehnen, um den *Asterix*, gerade gegen Claudius Musculus kämpfend, zu ergreifen und einzupacken. Warum haben wir eigentlich nicht Sitze getauscht? Der Fluggast auf der anderen Seite des Ganges liest einen *Spiegel*-Artikel über Chongqing. Die Fotos zeigen den gelblichen und schlammig aussehenden Jangtse-Fluss, an dessen Rand zwei kleine Mädchen verzweifelt auf die Ruinen ihrer abgerissenen Hütte blicken. Da haben sie wohl doch andere Sorgen als nur einkaufen gehen. Während ich versuche, mit zusammengekniffenen Augen die Unterschrift unter diesen Fotos zu lesen, setzt die Maschine mit einem Ruck in Frankfurt auf. Herrlich, wir legen ganz in der Nähe meines nächsten Gates an. Dann kann ich ja auf einen High-Heel-Marathon in endlosen Gängen verzichten. Beim Aussteigen dreht sich eine der *Bild*-Leserinnen, die wohl meinen Reiseführer und meine unterdrückten Tränen gesehen hatte, zu mir um und sagt: „Viel Glück in Peking!" Für die Glückwünsche und die Einfühlsamkeit einer Fremden bin ich in diesem Moment dankbar. Die sind wohl doch nicht so blöd, die Leser der *Bild*.

Auf dem Weg zum Gate A 59 schweifen meine Blicke von Zeitschriften zu Parfum-Werbungen und bleiben an grässlichen Humpen in einem Glaskasten hängen. Biergläser mit einem Zinndeckel, verziert mit Gartenzwergen, die wiederum oberhalb ihrer Mützen und unterhalb ihrer bunten, ausgebeulten Stiefel durch den Schriftzug „Bundesrepublik Deutschland" gerahmt sind. Was hat dieser Kitsch (ist das Glas gar in China gefertigt?) mit Deutschland zu tun? Gut, wenn ich mal ganz ehrlich bin: Es gibt sie, die Gartenzwerge, den Albtraum einer jeden Architectual-Digest-Leserin. Und aus Biergläsern mit Zinndeckel trinken auch viele Deutsche. Dennoch, an Deutschlands Flughäfen könnten sie sich schon um die etwas gehobeneren Klischees kümmern. Mit Vorurteilen über unser schönes Land würde ich mich wohl jetzt wieder viel öfter befassen müssen. Die Gefahr ist bestimmt groß, dass Chinesen Deutschland, wenn sie überhaupt schon mal davon gehört haben, auf seine Autos und das Bier reduzieren. Wir sind gut organisiert, sind stolze Besitzer verlässlicher Busfahrpläne. Wir arbeiten hart und trinken zum Ausgleich viel Bier. Hier kenne ich auch kaum eine Ausnahme, die diese Regel noch bestätigen müsste. Wir sind ordnungsliebend – auch das stimmt sicherlich, von dem liebevoll geordneten Chaos meiner Schwester und manchmal auch meinem eigenen einmal abgesehen.

Andere Vorurteile über uns fallen mir gerade nicht ein. Wie ärgerlich, dass mir nicht Sätze in den Sinn kommen wie „Deutsche sind leidenschaftliche Liebhaber" oder „Deutsche sind humorvoll" oder irgendeine deutsche Form des „Savoir-vivre". Vielleicht kann ich ja China noch davon überzeugen, dass wir unsere Hochzeiten mehrtägig feiern und dabei auf den Tischen barfuß Flamenco tanzen. Oder dass wir im europäischen Vergleich das gastfreundlichste Land sind – das wäre doch auch ein sympathisches Vorurteil. In solche Gedanken vertieft nähere ich mich einem immer umfangreicher werdenden Meer schwarzen Haares. A 59 – ich bin am China-Gate. Point of no return. Einfach einsteigen, und in 8,5 Stunden werde ich dort sein, wo ich mich in Gedanken schon seit zwei Monaten aufhalte.

Wenn die Truppe, die hier zum Abflug versammelt ist, einen Vorgeschmack auf China geben soll, dann muss ich mir ein Volk schwarzhaariger Menschen vorstellen, die mit Nylonsöckchen in offenen Plastikschuhen und Hockstellung auf dem Boden kauern, dabei noch höchst raffiniert mit einer Hand übel riechendes Trockenfleisch aus einer Aluminiumpackung quetschen, mit der anderen Hand genussvoll rauchen und außerdem trotz vollem Mund eine Lautstärke von tausend Dezibel erzeugen können. Punkt 17 der Liste hat sich damit bereits bestätigt. Außerdem scheint es sie gar nicht zu stören, dass ich seit fünf Minuten gebannt auf dieses Spektakel starre. Das wiederum finde ich sympathisch. Jetzt ist es so weit. Wir boarden, und ich verlasse Deutschland wirklich. Mit meinem Platz auf diesem Flug habe ich wesentlich mehr Glück, ich sitze nicht als Nanny-Ersatz neben Dreijährigen, sondern neben einem erwachsenen Chinesen.

Mein Entzücken ist jedoch nur von kurzer Dauer, denn nach drei Atemzügen meines Nachbarn wird mir vor Knoblauchgeruch fast schwindelig. Wenn es ebenso gesund ist, Knoblauch zu riechen, wie ihn zu essen, dann kann mir ja wenigstens die Pekinger Luftverschmutzung nichts mehr anhaben. Der Geruch wird nicht besser, als wir beginnen, uns zu unterhalten. „You Germany?" – „Yes, I am Germany. Where from China are you?" Er kommt aus Chengdu und heißt Li Yinchang – die Schreibweise seines mir zunächst unverständlichen Namens erkenne ich später auf seinem Pass. Doch wo um alles in der Welt ist Chengdu? Nach einigem Blättern in meinem Reiseführer finde ich Chengdu, die Hauptstadt der Provinz Sichuan, in der es sowohl sehr scharfes Essen als auch Pandas gibt. Stolz zeigt Li auf verschiedene Bilder in meinem Führer, eines davon gibt einen Teller wieder mit „spicy food". Yinchang schaut mir mit seinen fröhlichen Augen offen ins Gesicht, platziert seine rechte Hand auf seinem kugeligen Bauch im hellgrünen Polyesterhemd, das von einem Reißverschluss durchzogen ist, und bewegt seine Hand schnell im Kreis. Wäre er Holländer, hätte er jetzt bestimmt „lekker" gesagt, doch er bringt ein „hao tschö" hervor. Ich nicke begeistert und strahle ihn ebenfalls an. Li Yinchang war mit einer Reisegruppe in zehn Tagen in vier verschiedenen Ländern Europas gewesen, was schon fast an japanisches oder amerikanisches Reiseverhalten grenzt. Er zeigt mir Postkarten vom Eiffelturm, vom Kolosseum und von einer Windmühle – ich schließe also darauf, dass er in Frankreich, Italien, Holland und Deutschland war. Was er aber in Deutschland gesehen hat, finde ich nicht ganz heraus. „Bu cuo", sagt er, und als ich es nicht verstehe und ihm mein Mini-Vokabelbuch Deutsch–Chinesisch/Chinesisch–Deutsch in die Hand drücke, freut er sich übermäßig und blättert es herbei. „Bu Cuo" heißt „Nicht schlecht", woraus ich schließe, dass Deutschland ihm gefallen hat.

Von meiner ersten, erfolgreich abgeschlossenen Lektion in Körper- und Gebärdensprache beflügelt, stellt sich

16

nun auch meine fundierte Vorfreude auf Peking ein. Aus der Ungewissheit wird plötzlich das herrliche Gefühl, dass mich nur Schönes erwarten konnte, mich Glückspilz. Ich komme mir vor wie ein Zirkusangestellter, der gerade seine Zelte abgebaut hat und nach kurzen Auftritten in Deutschland wieder in die weite Welt aufbricht. Oder wie ein Stück Holz, das etwas unentschlossen auf den Wellen eines ruhigen Flusses in Richtung große Gewässer schippert. Oder eben wie dieser Kapitän in Hamburg. Na ja, abgesehen davon, dass solche Vergleiche etwas theatralisch und wahrscheinlich auch unangemessen sind, finde ich sie eigentlich sehr romantisch. Bestimmt gibt es viele Metaphern, die meinen Zustand beschreiben könnten. Es sind einfach diese gezügelte Aufregung und eine ganz kleine Angst, die mich beherrschen. Gleichzeitig spüre ich aber eine kribbelnde Vorfreude, die meine Gedanken ständig um die vielen Variablen meines zukünftigen Lebens kreisen lässt. Wie aufregend!

Über Russland wache ich das erste Mal auf, als die Gruppenbegleiterin meines Nachbarn lebhaft eine offensichtlich amüsante Geschichte erzählt, denn alle Chinesen vor und hinter mir brechen in schallendes Gelächter aus. Auch später, als Li entschlossen auf der Lehne seines Sitzes balanciert, um an sein gut verstautes Handgepäck zu gelangen – man bedenke, Chinesen sind ja nicht groß –, wird mein Schlaf unterbrochen. Unter uns nur Wüste. Nach dem Frühstück, bei dem auch Mais Conjee mit Keimlingen, Ketjap Manis und Sojasoße angeboten werden, verteilt Lis sehr großzügige Kollegin eingeschweißte Wurzeln. Ich finde heraus, was dieser Leckerbissen ist, indem ich Li wieder mein Wörterbuch in die Hand drücke. Er deutet auf Ingwer.

Endlich: Der Landeanflug beginnt. Angespannt blicke ich auf die endlose Steppe unter uns. So braun und trocken hatte ich mir China nicht vorgestellt. Unter uns schlängelt sich plötzlich ein schwarzer Strich durch die Landschaft, und schon ertönt die Ansage des Kapitäns: „Sehr verehrte Fluggäste, nur ungern störe ich Sie bei Ihrem Frühstück, doch möchte ich Sie bitten einmal links aus dem Fenster zu blicken – vielleicht nicht alle gleichzeitig (trockener Pilotenwitz) – wo sich gerade in voller Pracht die Chinesische Mauer entfaltet." Wahnsinn, mein Herz springt, ich kann es gar nicht fassen! Da ist sie, die Große Mauer! Nur dass man sie wirklich vom Mond aus sieht, das kann ich mir gerade nicht vorstellen, denn selbst aus unserer Höhe ist sie nur ein zarter Strich in der Landschaft. Das Flugzeug verliert an Höhe, und langsam beginnen wir den Anflug. Es wird diesig, wir befinden uns in den Wolken. Zehn Minuten weiter und einige Kilometer tiefer umgibt uns immer noch undurchsichtiges, müdes Weiß. Wolken? Bei 400 m Höhe? Das kann nicht sein, soviel habe sogar ich in Erdkunde gelernt. Doch was ist dieses helle Grau sonst? Nebel? Ich komme nicht mehr dazu, mir über die Konsistenz des Schleiers klar zu werden, denn ohne auch nur einmal den Blick von oben auf die Stadt ermöglicht zu haben, setzt das Flugzeug auf dem Boden der Zhonghua Renmin Gongheguo, der Volksrepublik China, auf. Schnell fülle ich noch die „Health Declaration" zur Einreise aus. Was für Fragen! „Did you have close contact to patients or suspects suffering from Avian Influenza in the past 7 days?" – Woher soll ich das denn wissen? Jeder, der Schnupfen hat, kann doch Vogelgrippe haben und es noch nicht wissen, oder nicht? Nun gut, natürlich schreibe ich jetzt keinen Aufsatz über die Sinnlosigkeit dieser Frage auf die Rückseite des Zettels, sondern kreuze brav „Nein" an. Ob ich

Kontakt zu Hühnern hatte? Nicht direkt, doch in der Lüneburger Heide hält Otto Homann, unser Nachbar, Hühner. Auch das verschweige ich geflissentlich. Weiter geht dieses Dokument mit lauter Krankheitssymptomen, die mir gottlob nichts sagen, es scheint, als brächte ich zumindest eine stabile Gesundheit nach China mit.

Nach der Passkontrolle und Überprüfung meines Visums befinde ich mich nun also offiziell in China. Die Wände des Flughafens sind wunderschön bemalt: mit Bildern der Großen Mauer in verschiedenen Jahreszeiten, mit eleganten Löwenskulpturen, die herrschaftlich vor roten Tempeleingängen wachen. Dazwischen hängen immer wieder Werbetafeln von Siemens oder Nestlé, Bilder von deutschen Autos mit chinesischen Untertiteln. Schnell finde ich meinen Koffer und gehe in Richtung Ausgang, wo mich eine Dame der Personalabteilung meines zukünftigen Arbeitgebers, des Kempinski-Hotels in Peking, abholen soll. Wir sind vor dem „Starbucks" in der Wartehalle verabredet, für frisch angekommene „Wessis" ein leicht auszumachender Treffpunkt, denn das kennen sie von zu Hause.

Da steht sie. Frau Yu heißt mich herzlich willkommen. Diese Herzlichkeit drückt sie jedoch nicht durch lautes Lachen oder Schulterklopfen aus, sie verhält sich sehr förmlich. Ganz nach dem Handbuch für interkulturelle Kommunikation schüttelt sie brav meine Hand, auch wenn sie diese Begrüßungsform offensichtlich ungern nutzt. Sie scheint nicht verunsichert, aber dennoch aufgrund ihrer jungen Jahre – vielleicht ist sie Ende Zwanzig – schüchtern. Erleichtert darüber, dass meine Übergabe geklappt hat, steigen wir in einen Minibus des Kempinski-Hotels. Viel Grün ist am Straßenrand zu sehen, kein saftiges, vielmehr ein Irgendwie-Grün. Und auch die Luft ist seltsam untransparent, sie legt sich in einem strahlenden Hellgrau um Menschen und Landschaft. Sie ist so grau, wie ich es noch nie gesehen habe.

Es ist nicht das melancholische Grau des Nebels oder das frische Grau des Morgentaus, sondern eher ein dreckiger Film, der alle Farben der Stadt zu bedecken scheint. Man blickt ein paar hundert Meter weit, doch gerade dann, wenn das Auge in der Ferne etwas Interessantes auszumachen scheint, verlieren sich alle Umrisse in diesem schweren Schleier. Frau Yu erklärt, es handle sich um Dreck, was ich sehr ehrlich von ihr finde. Es muss doch draußen auch stinken, denke ich, und als wir unsere Geschwindigkeit am Schalter für die Straßengebühr verringern, halte ich meine Nase in den Fahrtwind. Na ja, der Geruch kommt mir halbwegs erträglich vor, ein frischer Duft ist es aber nicht gerade. Fairerweise muss ich zugeben, dass man das auf der Fahrt vom Flughafen in eine 15-Millionen-Stadt ja auch nicht anderswo erwarten darf.

Kurz bevor wir auf den 3. Ring stoßen (Peking hat hiervon insgesamt sieben), sehe ich neben dem Airport Expressway eine Baustelle, bei der so etwas wie Gleisarbeiten verrichtet werden. Nun bin ich kein Experte für Bauarbeiten diverser Art, aber da tummeln sich doch ungewöhnlich viele Arbeiter auf einem Fleck. Im optischen Vergleich mit deutschen Baustellen fällt mir auch ein Gerüst ins Auge, das aus Bambusstangen gebaut ist – ha! Da haben sich doch schon zwei meiner Klischees bestätigt: In China sind Arbeitskräfte billig und die Arbeitsbedingungen unsicher.

Neben dem 3. Ring werden Beete angelegt, was ich nun wirklich nicht in einem Land der „Dritten Welt" (wie lange darf man China noch so einordnen?) erwartet hatte. Inmitten riesiger Glasbauten und Millionen von Autos stehen

kleine Chinesen mit bunten Gummistiefeln, einem Mund-
schutz und einem spitzen Strohhut und pflanzen kleine
rote Blumentöpfe unter dünne Bäume auf einem Quadratmeter Grün. Mit Bewunderung beobachte ich die Frauen
bei ihrer Arbeit und finde, dass sie aussehen, als hätten sie
gerade gestern ihr Reisfeld mit dieser Verkehrsinsel ver-
tauscht. Das Autoradio dudelt chinesische Musik, die ich
zum ersten Mal höre. Eigentlich ganz schön, nur auf das
Mitsingen muss ich verzichten. „Right here, right now",
scheint entweder der Jingle der Radiostation oder der Slo-
gan einer sich immer wiederholenden Werbung zu sein.
Ich finde es zumindest beruhigend, etwas Englisches zu
hören. Und die von mir entdeckte Baustelle war wohl wirklich nichts Besonderes – überall werden Häuser errichtet
und Straßen planiert. Peking, so kommt es mir auf dieser
Fahrt in die Innenstadt vor, ist ein einziges großes Bau-
gebiet.

Wir biegen in die Straße ein, in der ich künftig wohnen
soll. Mai Zi Dian steht da auf einem Schild, und ich frage
mich, ob dies der Name ist, den ich zukünftig Taxifahrern
zuraunen muss, um nach Hause zu kommen. Wir passieren einen offenen Platz, auf dem mit Schläuchen und Seife
Autos von Hand gewaschen werden, eine Art öffentlicher
Waschanlage. Wir biegen links in eine Seitenstraße ein.
Eine Schranke und ein sehr schmutziger, zahnloser Portier, der mich durch seine schief sitzende Hornbrille fröhlich angrinst, verwehren uns die weitere Durchfahrt. Nachdem meine Begleitung, Frau Yu, dem Portier gestikulierend erklärt hat, in welches Gebäude wir möchten, hebt er
die etwas behelfsmäßig angebrachte Schranke doch. Nach
weiteren zwanzig Metern Fahrt hält der Minibus. Ich blicke aus dem Fenster. Zu meiner Rechten erstreckt sich ein
kleiner Park, der genau gegenüber dem Eingang meines

Wohnblocks liegt. Zur Linken der Eingang. Ich zögere etwas und überlege, ob die hübsche Parkbank oder der mit einem verrosteten Wellblech, abgebrochenen Stufen und Müll verzierte Wohnungskomplex mir die bessere Unterkunft bieten wird.

Frau Yu lässt mir keine Wahl und steuert mit meinem Koffer zielstrebig dem Aufzug entgegen. Auch der ist ein Ereignis: ebenfalls angerostet, mit einem hellgrauen, stellenweise zerfetzten Plastikboden ausgelegt und einem kleinen Tisch für eine Aufzugsdame* möbliert – der langsamste Fahrstuhl, den ich jemals benutzt habe. Ich kann das bis heute behaupten, ohne auch nur ein klitzekleines bisschen zur Übertreibung zu neigen. Sechs Sekunden pro Stockwerk – wer kann das überbieten? Nach 96 Sekunden reiner Fahrtzeit und weiterer 37 Sekunden Stehzeit kommen wir oben an. Zwei schwere Eisentüren sind zu sehen, eine rechts, eine links. Frau Yu öffnet die linke – und dann auch meine Wohnungstür mit der Nummer 1602. Von einem kleinen Flur gehen sowohl eine Küche als auch ein Schlafzimmer und ein Badezimmer ab. Die Küche ist mit einem Sofatisch und zwei klappbaren Küchenstühlen eingerichtet, die die Blütezeit ihres Daseins bereits hinter

---

* Was eine Aufzugsdame ist? Nein, sie ist kein Portier mit einem bunten, gold bestickten Hütchen. Sie ist auch keine Putzfrau oder ein Butler. Sie wird Ihnen nicht helfen, Tüten zu tragen. Sie wird auch nicht mit ihrem Aufzug auf Sie warten, falls Sie noch schnell ein Telefonat zu Ende führen möchten, bevor die Verbindung abbricht. Sie ist die Herrin der Knöpfe. Ja, das war's. Den ganzen Tag. Sie kennt die Stockwerke von etwa 573 Hausbewohnern auswendig, sitzt auf einem Hocker und drückt mit einem langen Stück Holz Ihr Stockwerk. Eine effiziente Arbeitsbeschaffungsmaßnahme. Verdienen tut sie sechzig Euro im Monat.

sich haben. Auf einem alten Gasherd steht ein Wok mit abgebrochenen Griffen. Es riecht etwas feucht, und bei weiterer Inspektion entdecke ich einen leicht grünlichen, angeschimmelten Fleck an meiner Decke. „Herzlich Willkommen in Beijing", sagt Frau Yu noch einmal und zieht die Tür hinter sich zu.

二月

Februar

„WARUM DENN?", wiederhole ich meine im Lärm untergegangene Frage, während Gao Yang weiterhin in Gedanken versunken in Richtung des Tempeleingangs blickt. „Wir dürfen ja erst seit einem Jahr wieder in Beijing zündeln, und daher übertreiben manche es vielleicht jetzt etwas. Außerdem vertreiben wir dadurch ja auch die Geister", schreit sie. „Welche Geister?", rufe ich zurück. „Weißt du, wir Chinesen glauben an viele verschiedene Dinge. Es gibt ja nicht nur mehrere Glaubensrichtungen, sondern besonders viel Aberglauben, und die beiden sind bei uns auch oft schwer zu trennen." – „Ja, das versteh ich schon, aber was für Geister meinst du denn?" Erschrocken springe ich zur Seite, als ein roter, explosionsbereiter Böller zwei Meter vor meinen Füßen landet. „Ach ja, entschuldige. Durch die laute Explosion vertreiben wir alle schlechten Gedanken und Dinge aus dem vergangenen Jahr. Als Kind las meine Mutter mir immer Geschichten von dem Dämon Nian vor, der vor langer Zeit in China gewütet hat. Zum Glück hatte das Monster aber Angst vor Feuer und vor der Farbe Rot und konnte so bekämpft werden. Deshalb sind unsere Böller rot wie Feuer, und es ist zur Tradition geworden, damit tagelang zu zündeln." Sie sind nicht nur rot, sondern vor allem laut, finde ich. Es ist Frühlingsfest, chunjie, das größte und wichtigste Volksfest in China. Gao Yang hat mich daher zu Hause abgeholt und zeigt mir stolz die Orte, an denen man sich zu diesem Zeitpunkt aufhalten sollte – falls man nicht zu Hause bei seiner Familie sein kann. Drusilla, das ist ihr englischer Name, kommt aus Shenyang in Nordchina. Ich kenne sie schon seit zwei Jahren, da wir gemeinsam in der Schweiz studiert und das ganze letzte Jahr in einer Klasse verbracht haben.

Für Drusilla war der Aufenthalt in der Schweiz von einer ganz anderen Bedeutung als für die meisten unserer Mitstudenten. Ihr gesamter Familienclan (und ich spreche wirklich von entfernten Kusinen, allen Tanten, Onkeln und natürlich ihren Eltern) hat ihr Auslandsstudium mitfinanziert. Der Erfolgsdruck, der dadurch entsteht, muss immens gewesen sein. Außerdem ist Drusilla nur ein einziges Mal in diesen Jahren nach Hause gereist, um ihre Familie zu besuchen. Jetzt hat sie so viel gelernt und so selbständig gelebt, dass sie sich von ihren alten Freunden recht unverstanden fühlt und auch nicht mehr in ihrer Heimatstadt wohnen möchte, denn Beijing ist doch wesentlich offener als Shenyang – vielleicht, weil es die politische Hauptstadt ist mit all der damit verbundenen Internationalität. Als allein lebende, arbeitende und unverheiratete Frau gehört sie wahrscheinlich zu genau dieser neuen Generation der Chinesen, die von den Senioren oft missverstanden werden. Allein die Tatsache, dass Drusilla noch andere Lebensziele außer einer Heirat im Sinn hat, bildet das Thema zahlreicher Diskussionen.

Das Frühlingsfest – vom Aufwand her mit unseren Weihnachtstagen vergleichbar –, läutet das neue Jahr in China ein. Und zwar im Februar, nicht im Januar. Dem Mondkalender folgend beginnt der erste Monat des neuen Jahres immer zwischen dem 21. Januar und dem 20. Februar. Dieser Kalender richtet sich nach den 29,5-tägigen Mondumkreisungen um die Erde und nicht nach dem 365-tägigen Sonnenjahr. Besonders schön sind die Jahresnamen, benannt nach den Tierkreiszeichen: So komme ich im Jahr des Holzhahns in China an, durchlebe dann das Jahr des Feuerhundes, des Feuerschweins und schließlich das der Erdratte. Schon viele Tage vor dem eigentlichen Jahreswechsel, am 20. Tag des elften Monats, reinigen alle traditionsbewussten Chinesen ihr Haus mit Bambuszweigen – Bambus bringt Glück. Überall werden rote, oft rautenförmige Bilder aufgehängt, auf denen in schwarzer Farbe Glückssprüche geschrieben stehen, zum Beispiel „gongxi facai", was „Wohlstand und Erfolg" bedeutet. Genau besehen ist die ganze Stadt in Rot getaucht, denn rote Laternen werden auch an jede Kreuzung und über jede noch so kleine Straße gehängt, sie zieren Restauranteingänge und manchmal sogar Büros. Ähnlich wie bei uns nehmen Chinesen am Ende des Jahres eine generelle Grundreinigung vor, befreien das Haus von altem Müll, kaufen sich neue Kleidung, reparieren ihr Fahrrad und gehen zum Frisör. – Ein Frisör hat hier übrigens nichts mit einem Tony & Guy-Laden oder Udo Waltz zu tun. Setzen Sie sich mit einem Hocker auf die Straße, basteln Sie einen Umhang, nehmen Sie eine Schere in die Hand, fertig. Frisör!

Am letzten Tag im Jahr versammelt sich dann die ganze Familie und isst und isst und isst. Vor allem Jiaozi, das ist das wichtigste Neujahrsessen. Diese Teigtaschen gibt es natürlich in jeder Form und Füllung, denn vielseitig ist die chinesische Küche ja wirklich. Mit Drusilla haben wir folgende Version gekocht, nach dem Rezept von Lao Gao, ihrer lieben Mutter.

Für 25 Stück nehme man:
    200 g Hackfleisch, Rind oder Schwein
    200 g Mehl
    1 Chinakohl

1 Bund grüne Zwiebeln
Ingwer
helle Sojasoße
braunen Essig
Sesamöl
Salz, Pfeffer

Die Zwiebeln und den Kohl klein schneiden, salzen und dreißig Minuten stehen lassen. Danach den Chinakohl in einem Küchentuch trocknen. Fein geschnittenen Ingwer und Zwiebeln, Hackfleisch und den gehackten Chinakohl in einer Schüssel vermengen. Mit Pfeffer, Sojasoße und etwas Sesamöl würzen. Den Teig aus Mehl, Wasser und Salz mischen und lange kneten – dabei immer wieder Wasser hinzufügen, bis er elastisch und homogen ist. Jetzt wird es ernst – der Teig wird ausgerollt und in kleine, runde Teigplatten unterteilt. Diese sollten ungefähr acht Zentimeter Durchmesser haben. Die gehackte Füllung wird jetzt in die Teigtäschchen gefüllt, und diese werden anschließend sieben Minuten in Wasser gekocht. Möchte man diese Jiaozi wie ein echter Chinese essen, dann raucht man dabei, schmatzt natürlich laut, unterhält sich in voller Lautstärke und stellt den Fernseher dazu an – auch laut, das ist ja klar. Und die Sojasoße, gemischt mit Essig, vielleicht gehacktem Schnittlauch und Ingwer, dient als Dip.

Außerdem lässt sich zu Neujahr viel Geld verdienen, am meisten als Einzelkind, unverheiratet und auf dem Heiratsmarkt höchst begehrt. Es muss im heiratsfähigen Alter sein, seine Eltern müssen sehr viele Geschwister und selbst noch lebende Eltern haben – dann werden die Scheine in roten Papierumschlägen, sogenannten hong bao, überreicht. Wie viel man in diesen Umschlag gibt, ist von großer Bedeutung – bei der Hochzeit einer Kollegin durfte ich das erfahren. Spendet man zu viel, verursacht man den Gesichtsverlust der Beschenkten, falls diese einem nicht ebenso viel zurückschenken könnten. Ist es zu wenig, wird es als Beleidigung aufgefasst. Tagelang habe ich mich vor der Hochzeitsfeier mit diesem Thema beschäftigt und andere Kollegen befragt, die meine Kollegin länger als ich kennen – ich habe schließlich den gleichen Betrag wie meine chinesischen Kollegen hineingetan, was wohl richtig war. Um Mitternacht zum neuen Jahr beginnt dann nicht nur das laute und über Tage sich erstreckende Feuerwerk, es öffnen auch alle in ihren Häusern die Fenster, um das neue Jahr einzulassen – eine Geste, die ich besonders schön finde.

In mehrere Jacken gehüllt gehen wir eng nebeneinander weiter, den hellen Kieselweg entlang, der von weißem Marmor, Ginkgo- und Bonsai-Bäumchen eingefasst ist. Unterhalten können wir uns gerade nur mühsam, denn wir kämpfen beide um Platz und um Luft und konzentrieren uns darauf, nicht von einer Rakete getroffen zu werden. Umgeben von Tausenden von Menschen drängen Gao Yang und ich in den ersten Innenhof des buddhistischen Lama-Tempels hinein. Es sind aber nicht nur die Menschenmenge und die durcheinander geworfenen roten China-Böller, die uns das Eintreten erschweren, sondern auch ein Heer von – nein, nicht Soldaten: – Tänzern! Ich bin entzückt, vor Erstaunen sprachlos. Zwischen dem lauten Knallen der Feuerwerke sind da Hunderte von Männern und Frauen, die tanzen. Ich bleibe, die Gefahr der umherfliegenden Sprengkörper vergessend, stehen und blicke auf die Tanzfläche. Unter freiem Himmel, kurz vor dem Eingang des Tempels, schwingen und trampeln, schweben und singen sie. Es scheint kein Wettbewerb zu sein, außerdem ist die Konstellation der Paare auch so seltsam. Da sind Jungen, die mit Männern tanzen, und erwachsene Töchter, die ihre Mütter zum Takt in den Armen wiegen. Alle lachen, wenn nicht laut, dann schauen sie doch vergnügt drein und haben einen glücklichen und zufriedenen Gesichtsausdruck.

Sie scheinen die Fähigkeit zu besitzen, alles um sich herum auszublenden, denn niemand schreckt hier wie ich zusammen, wenn einmal wieder ein lauter Knall den Rhythmus stört. Sie haben mir ja schließlich auch viele Jahre voraus in diesem Land der 1,3 Milliarden Menschen und in der 15-Millionen-Stadt Peking. Was für ein schöner Anblick! Dazwischen tummeln sich Kinder, meist mit einem Elternteil oder ihren Großeltern, und lassen Drachen steigen. Ich spreche jetzt nicht von kleinen, viereckigen Drachen. Diese hier sind von der Größe echter Tiere, meist größer und noch vielgestaltiger als die Menschen, die die Plastikschnüre fest um ihre Hände zurren, um die Drachen nicht im Wind zu verlieren. „Kommst du?", fragt Drusilla und zieht an meinem Arm. Ich löse mich von dem Bild und konzentriere mich wieder darauf, in den Tempel zu gelangen. Angekommen an einem wunderschönen Eingangstor, das in den kaiserlichen Farben Gelb, Rot, Grün und Blau bemalt ist, scheinen wir nun weniger ein Platz- als ein Luftproblem zu haben. Von zehn Chinesen pro Quadratmeter hat sich die Dichte nun auf etwa zwei Chinesen verringert, und man sollte meinen, wir könnten aufatmen. Es steigt uns aber ein scharfer Weihrauchgeruch in die Lungen, der auch die Luft hier ganz hat ergrauen lassen.

Von den weiteren Szenen verzaubert, die sich vor mir abspielen, fällt mir der Geruch zunächst nicht groß auf.

Drusilla verlangsamt ihren Schritt, auch sie scheint vor den betenden Menschen Respekt zu haben. Sie tritt an einen kleinen Stand, kauft dicke Bündel roter Räucherstäbchen und geht damit etwas abseits von mir an einen großen Feuerkessel, an dem sie die Stäbe entflammt. Dann stellt sie sich an eine niedrige, rote Bank und faltet ihre Hände geschickt um die brennenden Aromahölzer. Diese streckt sie in Richtung Himmel, indem sie ihre Arme vor ihrem Körper hebt und zu neunzig Grad anwinkelt. Mit geschlossenen Augen murmelt sie etwas vor sich hin und sinkt – ohne sich mit ihren Händen abzustützen – auf die Bank in die Knie. Dabei berührt sie mit ihren gefalteten Händen erst ihre Stirn, dann ihre Brust, und kurz bevor ihre Knie den Boden berühren, auch diese. Während sie ihren Kopf zum Boden neigt, spricht sie weiter vor sich hin, und erhebt sich schließlich wieder ganz mühelos.

Fröhlich blickt sie zu mir herüber und lacht, als sie bemerkt, dass ich sie filme. Nach den paar Wochen in Peking darf ich mich auch noch wie ein Tourist verhalten, finde ich. Es waren sehr aufregende Wochen, die wie im Fluge vorübergingen. Ich hatte mir vorgenommen, mir täglich eine neue Straße, ein neues Café, ein weiteres Geschäft oder ein anderes Transportmittel zuzutrauen. Besonders Letzteres gestaltete sich sehr spannend. Es war mein zweiter Tag, und da ich in fremden Ländern ein funktionierendes Mobiltelefon, ein gutes Café, ein tolles Restaurant, ein regelmäßiges Hobby und etwas Nachtleben-Insiderwissen generell als meine Überlebensutensilien ansehe, wollte ich nun meine Kenntnisse des öffentlichen Nahverkehrs vertiefen. Nachdem ich an meinem ersten Tag nur Taxi gefahren war, kam mir die Bushaltestelle an der Liangmaqiao Lu ganz gelegen. Ich sah einen Bus ankommen, der in meine

Richtung fuhr. Jetzt könntest du's mal versuchen, dachte ich, zögerte aber noch. Habe ich einen Pass dabei? Genug Geld? Ein Telefon? Einen Stadtplan? Ein Wörterbuch, damit ich mich auch nicht verlieren kann? Nachdem ich alles mit Nein beantworten hatte, sprang ich dennoch in den Bus. Wie angewurzelt blieb ich nahe dem Ausgang stehen, an dem eine Frau saß und weniger als einen Cent Fahrgeld von mir verlangte. Schnell hatte ich überblickt, dass ich die einzige Ausländerin in dem ganzen Gefährt war – zur Begeisterung der Chinesen, die mich sehr nett, offen und hilfsbereit anlächelten. Ein Herr neben mir sprach mich an, ich schätzte ihn auf etwa sechzig Jahre, und seine harte Lederhaut hatte sich schon in mindestens so viele Falten gelegt, wie er alt war.

Gerne würde ich an dieser Stelle unsere „Unterhaltung" wiedergeben, doch es war mein zweiter Tag, und mein Chinesisch war – nicht existent. Er sagte einen Satz und sah mich erwartungsvoll an. „I am sorry, Sir, I don't speak Chinese. Do you speak English?" Nun Stille seinerseits. Dann durchfuhr sein Gesicht ein Geistesblitz, und seine Augen leuchteten hell auf. Er wiederholte denselben Satz, nur viel langsamer. Aha. Wieder sah ich ihn freundlich, aber ratlos an. Der Herr wandte sich jetzt an seine umstehenden Nachbarn, die unsere Annäherungsversuche natürlich gespannt beobachtet hatten. Alle lachten herzlich, und verschiedene Zuschauer versuchten es nun auch einmal, und redeten – gerne auch alle gleichzeitig – gestikulierend auf mich ein. Ich zuckte einfach mit den Schultern und lachte gemeinsam mit ihnen über die bizarre Situation, in der auch ich mich zum ersten Mal befand.

Auf einmal rief uns jemand etwas laut von hinten zu. Alles drehte sich um, und nach vorne schob sich ein junger Chinese. „Excuse me, Madam, are you from England?" –

„No, I am German, but I speak English. Do you know what he is saying?" – „He said that you are very beautiful." Ich war verdutzt, zugegebenermaßen ebenso erfreut. Nicht nur fand ich es großartig zu erfahren, dass meine fisseligen Haare, Schlupfaugen und gegenwärtig etwas zu weibliche Hüfte in China offensichtlich als hübsch empfunden wurden. Doch da hatte nun ein gesamter Bus mindestens fünf Minuten damit verbracht, mir unwissenden Ausländerin zu erklären, was dieser kleine, runzelige Mann mir sagen wollte. Gerührt sah ich ihn an, und sagte ihm ins Gesicht: „Sie sind der schönste alte Mann, den ich jemals gesehen habe", und stieg an der nächsten Haltestelle aus. Der ganze Bus winkte mir hinterher.

Es ist das erste Mal, dass ich mich in einer chinesischen Tempelanlage befinde, und es ist das erste Mal, dass ich überhaupt einen Tempel kennenlerne. Kirchen habe ich sicher schon Hunderte besucht, doch Tempel? Abgesehen von griechischen natürlich, aber die sind nicht mehr in Gebrauch, nur noch Ruinen. Nun aber sehe ich Menschen um mich herum beten, Schach spielen und Schriftzeichen in den Staub schreiben. Der Tempel, oder zumindest die Parkanlage drum herum, scheint also viel mehr als nur ein Ort der Besinnung zu sein, wohl eher ein soziales Zentrum für jede Generation. Manche Leute sitzen auch einfach ganz alleine irgendwo am Rand und schauen in die Menge.

„Es gibt keine Hobbys in dem Sinne, wie ihr sie habt", erklärt Drusilla. „Wenn die Leute Freizeit haben, dann wird sie nicht so kompliziert und mit einem so großen Aufwand wie in Europa gestaltet. Schau dir doch mal an, was alle hier machen – keiner hat teures Spielzeug dabei, keiner einen tollen Picknickkorb, komplizierte Sportgeräte oder

Computerspiele. Der Mann da vorne zum Beispiel, der wird sich hier sicher den ganzen Tag aufhalten und einfach mit seinem Pinsel und Wasser im Staub seine Kalligrafie üben." Sie hat recht, das muss ich zugeben. Die tanzenden Paare brauchen keine besondere Kleidung, um tanzen zu gehen. Sie brauchen auch keine Bühne, keine Lautsprecher oder jemanden, der etwas koordiniert. Es gibt nur einen kleinen, alten Kassettenrekorder, der an einen Baum gelehnt ist. Trotz der Kälte sitzen Frauen auf dem Boden und unterhalten sich fröhlich – etwas Essen haben sie mitgebracht, in einer rosafarbenen Plastiktüte. Die Kinder werfen mit kleinen Bällen, und alte Männer spielen Mahjong. Die Atmosphäre ist faszinierend und auch irgendwie anrührend. Alle Menschen, die ich sehe, machen einen so zufriedenen Eindruck. Mit der alten Frau dort drüben, die humpelt, ausgefallene Zähne hat und abgewetzte, schmutzige Kleidung trägt, will ich gerade Mitleid empfinden – sie aber lacht übers ganze Gesicht, und wiegt sich am Rande der Tanzgruppe im Takt, gestützt auf einen Stock.

„Warum gehen sie denn überhaupt alle in den Park, und bleiben nicht zu Hause und laden ihre Freunde dorthin ein?", wundere ich mich. „Das ist schwer zu beantworten und ich kann es auch nicht ganz verallgemeinern. In den alten Stadtvierteln, den Hutongs, spielt sich zwar auch viel Leben mit Nachbarn ab, aber etliche dieser Häuser werden gerade abgerissen. Die sozialen Strukturen werden dadurch natürlich zerstört, und dann versammeln die Menschen sich eben in den Parks. Ihre neuen Nachbarn in Hochhäusern kennen sie ja nicht." Ich erinnere mich an eine Unterhaltung über dieses Thema mit einem Freund namens Guofeng Luo. Er hat mir einmal erklärt, wie die Ein-Kind-Politik die neue Generation von Chinesen zu materialistischen und verwöhnten Einzelgängern erzieht –

ganz kontrovers zur überlieferten Kultur in China, die teilt und sehr vom Gemeinschaftssinn geprägt ist. Ganz einfach ist das wohl alles nicht, denke ich.

Wir entfernen uns wieder vom Tempel und verlassen die Anlage durch denselben Eingang, durch den wir gekommen sind. Bei einer Gruppe, die gerade einen Tango aufs sandige Parkett legt, halten wir an. Tango, getanzt von Chinesen in einer buddhistischen Parkanlage – ich kann das, was sich vor meinen Augen abspielt, kaum glauben. Eine Frau bemerkt mich, sie stellt sich direkt neben mich und spricht mich an. Gao Yang, die an meiner Seite steht, grinst und lässt es geschehen. Etwas peinlich berührt und schüchtern muss ich wieder zugeben, dass ich sie nicht verstehe und kein Chinesisch spreche. Die Dame wiederholt sich, und gibt mir dann zu verstehen, dass sie mit mir tanzen möchte. Zwar tanze ich gerne, aber in einer solchen Situation bin ich nun doch zögerlich – ich soll mit einer mir unbekannten älteren Frau in China einen lateinamerikanischen Tanz tanzen, den ich nicht beherrsche. Und all dies, da ich sowieso ununterbrochen als einzige Ausländerin beobachtet werde. Doch während ich noch überlege, nimmt sie meine Hand, umfasst energisch meine Taille und legt los.

An keinem Ort könnte ich mich besser blamieren als hier, denke ich, denn mich kennt ja niemand. Sie strahlt mir ins Gesicht, stolz und temperamentvoll hält sie ihre Schultern zurück, zieht ihren Bauch ein und hebt elegant ihr Kinn. Nun blickt sie links an meinem Kopf vorbei, während ich hilfesuchend ihren Blick treffen möchte. Dann reißt sie mich nach rechts, öffnet unsere Körperhaltung, und wir marschieren los. Rechts, links, rechts – im Gleichschritt steuern wir auf einen Baum zu. Kurz davor setzt sie dann einen Wiegeschritt ein, auf der Stelle balancieren wir vor und zurück. Konzentriere dich, Kathi, denke ich. Die Frau und alle Menschen um mich herum nehmen das Tanzen so ernst, du darfst das jetzt nicht ins Lächerliche ziehen. – Also erwidere ich ihr Temperament, bilde mir ein, in Argentinien und nicht in China zu sein. Ich stelle mir vor, mein Tanzpartner sei ein rassiger Latino von entsprechender Größe und mit einem starken Kreuz. Zugleich versuche ich krampfhaft, mich an einen dieser Tanzfilme zu erinnern, und gebe mein Bestes. Dirty-Dancing-Szenen schwirren durch meinen Kopf. Nach fünf Minuten, in denen ich einen gewissen Ehrgeiz und vor allem Schweiß in dieser Kälte entwickelt habe, scheint die Dame zufrieden und setzt mich wieder in einer Umdrehung bei Gao Yang ab. Und die freut sich, hat Fotos gemacht, die mir jetzt als Beweismaterial dienen.

Um uns herum sieht mich mittlerweile jeder an. Als Europäer ist man sofort erkenntlich, „Laowai", also „Langnase", nennen die Chinesen einen, und sie betrachten jede Langnase nachdenklich. Aber schon nach meinen ersten Wochen fällt mir das kaum noch auf. An Tagen, an denen ich mit mir und der Welt glücklich bin, können mich alle Menschen so viel ansehen, wie sie wollen. Jetzt zum Beispiel, da ich erleichtert bin, diesen Tanz überstanden zu haben. Falls ich aber einen Kater oder schlechte Laune habe, dann nervt es einfach. Was denken sich die Leute, wenn sie einen anstarren? Etwas Freundliches? Ich vermute, sie lachen meist über das etwas grobe, bäuerliche Aussehen der meisten Ausländer. Chinesen sind klein und vom Körperbau her recht elegant. Nur hört es mit der Eleganz beim Körperbau auf – ihr ständiges Spucken und ihr fortwährendes laute Geschrei erinnern unsereinen dann doch eher an zweifelhafte Manieren. Dennoch: Chinesen (und vor allem Chinesinnen) sind oft schön. Ihre Gesichter sind von heller, meist glatter Haut, wie Porzellan. Die schmalen, mandelförmigen schwarzen Augen, die die kleinen, abgeflachten Näschen rahmen, schienen mir zunächst weniger ausdrucksstark als die wässrigen Augen der Westler. Wenn man sich in chinesische Augen aber eingelesen hat, weiß man bald auch harte Blicke von solchen der Güte oder des Lächelns zu unterscheiden.

Die Chinesen werden denken: Seltsam, diese Westler. Mindestens doppelt so breit gebaut, oft einen Kopf größer, sie haben größere Füße und größere Augen. Dazu benehmen sie sich auch noch eigenartig. Die Westler essen, ohne zu genießen, denken die Chinesen – so zumindest muss unser geräuschloses Gebaren bei Tisch auf sie wirken. Wir sind sehr unabhängig und selbständig und verlassen unser Elternhaus, ohne geheiratet zu haben. Und die Chinesen fragen sich bestimmt, was um Himmels Willen wir denn bloß in Peking machen. Karriere? Das scheint zumindest den älteren Chinesen eher suspekt, schrieb doch Li Gung-Dso um das Jahr 800 über karrieresüchtige Beamte den folgenden Vers:

Sie haben alle Höhe erklommen: Geld, Ruhm und Ehre,
und ihre Macht zerstört Städte und Länder.
Der Weise aber schaut auf sie und spricht:
Gleichen sie nicht Ameisen in ihrem geschäftigen Tun?

So ungefähr stelle ich mir auch heute Gedankengänge der Chinesen vor, die selbstgenügsam mit nacktem Oberkörper auf einem Hocker am Straßenrand sitzen und mit einer Zigarette und einer Flasche Tsingtao-Bier in der Hand das Treiben beobachten. Den Dichtervers allerdings kann man getrost nicht nur auf Ausländer beziehen, sondern sicherlich auch auf die junge Generation jener Chinesen, die ebenfalls dem Fluch der Karriereleiter verfallen sind. Ihr Fokus hat sich im Vergleich zu dem ihrer Eltern in den letzten zwanzig Jahren komplett verschoben – hin zum Geld, was das gegenseitige Verständnis sehr erschwert.

Langsam leert sich der Park etwas, und Gao Yang erklärt, dass es nun zum Jiaozi-Essen geht – da das Frühlingsfest ja das wichtigste Familienfest ist, sind abends alle zu Hause. Das ständige Feuerwerk und die Knallerei sind übrigens nicht abgerissen, und so ist auch der Rückweg ein Staffellauf, bei dem ich mehrmals Gao Yang aus den Augen verliere, der Rauch der Feuerwerker hat sie verschluckt. Auch mein Wohnblock ist für das neue Jahr komplett geschmückt. Auf meine kleine Bude inmitten von Chinesen bin ich mittlerweile stolz. Nur einen Gang zu Ikea plane ich noch, denn obwohl ich nicht koche, möchte ich trotzdem den Sofatisch in der Küche gegen einen Esstisch austauschen. Wie alle anderen haben aber auch die schwedischen Möblierer während der Feiertage geschlossen. Ist doch eigentlich toll, jetzt, nach dem deutschen, noch ein zweites, ein chinesisches Neujahr feiern zu können, denke ich, und nehme mir neben den üblichen Vorsätzen (abnehmen, nicht mehr rauchen, immer gesund essen) nun vor, Chinesisch zu lernen. Die zweitwichtigste Sprache in China, die Körpersprache, kann ich schon – ein Glück.

三月

März

ES IST SONNTAG, neun Uhr morgens, und nach einer fast ganz durchfeierten Nacht begebe ich mich auf den Weg in die Kirche. Kirche – so kann man das eigentlich gar nicht nennen. Ich fahre zur Nan-Tang, der Süd-Kathedrale, die eine Staatskirche ist. Sie wird von der Kommunistischen Partei Chinas geführt und bietet die einzige staatskonforme Möglichkeit, sein Christentum zu leben. Der Glaube ist in China einen langen Weg gegangen. Schon bald nach der Entdeckung von Cathay durch Marco Polo im 16. Jahrhundert gab es in China Missionare, die nach Asien geschickt wurden, um den christlichen Glauben in diesem fernen Land zu verbreiten. Der wichtigste und erfolgreichste unter ihnen war der Italiener Matteo Ricci, der ab 1582 als Missionar in China wirkte. Bis 1610 hat er hier gelebt. Zum Zeitpunkt seines Todes zählte er insgesamt 2500 Christen in China. Dies alles geschah während der Ming-Dynastie – und China war noch weit vom Kommunismus entfernt. Während der Kulturrevolution von 1960 bis 1976, in der sämtliche diplomatischen Beziehungen zum Vatikan abgebrochen und jede religiöse Gesinnung ausgemerzt wurden, haben sich die Katholiken unter höchst gefährlichen Bedingungen in den Untergrund zurückgezogen. Wo steht die Kirche heute in China? Heute leben in China acht bis zwölf Millionen Katholiken, von denen die meisten der Untergrundkirche angehören. Eine genaue Einschätzung der Situation ist schwierig.

Zum einen ist da die „Patriotische" oder „Staatskirche", die der „Untergrundkirche" gegenübersteht. Die Staatskirchen sind öffentliche Gebäude und allen Christen zugänglich. Ihre Priester werden vom Staat bezahlt und die Predigten wie auch der Inhalt der Messen von der Partei kontrolliert. Um eine Annäherung zwischen Staatskirche und Vatikan zu erreichen, erkennt der Heilige Stuhl in Rom immer öfter von der KP ausgewählte Pfarrer und Bischöfe im Nachhinein an. Die Priester werden häufig in Europa oder Lateinamerika an katholischen Universitäten in Geisteswissenschaften und Theologie ausgebildet, und so ist der geistige Kern der Staatskirche eng mit der katholischen Kirche verbunden. Viele dieser Priester gehen den Kompromiss mit der Staatskirche ein, um eine breitere Masse erreichen zu können und dem Risiko einer Verhaftung aus dem Weg zu gehen. Weiß man von der Funktion und dem Hintergrund dieser Kirchen nichts, so kommt man sich wie in einem ganz normalen Gottesdienst vor. Die Untergrundkirche jedoch, die konsequent Rom folgt, feiert ihre Messen in Privathäusern, man findet sie schwer. Der Kern des Konfliktes besteht darin, dass die katholische Kirche ihre diplomatischen Beziehungen zu Taiwan nicht aufgibt. Außerdem befürchtet die Partei, dass der Vatikan sich in politische Fragen des Landes einmischen könnte.

Neben diesen beiden Kirchenformen gibt es noch andere Angebote christlicher Gemeinschaften, die oft amüsante Gottesdienste für Ausländer anbieten. Dorthin geht, wem es beim Gottesdienst vor allem auf Tanzen und Singen ankommt oder wer barfuß auf seine Erlösung hoffen möchte und sich einfach mal wieder als normaler Mensch unter vielen scheinbar Verrückten fühlen will. Jedenfalls eine fröhliche Erfahrung. Schön ist ein Besuch der „Beijing International Christian Fellowship"-Messe, die in einem Theatersaal stattfindet. Ausschließlich von Ausländern besucht, wird hier die erste halbe Stunde nur gesungen und getanzt, denn viele Afrikaner nehmen an diesem Service teil. Lebensfroh und musikalisch wie sie sind, reißen sie ihre Arme in die Höhe, stellen sich neben ihren Sitz in den Gang, um mehr Platz zu haben, und singen lauthals und inbrünstig: „Praise the Lord, who has come to save us from ..." Dabei klatschen sie und bewegen sich hingebungsvoll im Takt. Für uns Deutsche ist dies schon ein Gottesdienst der besonderen Art. Hat man ihn aber überstanden, so wage ich, Fortgeschrittenen einen anderen Kirchgang zu empfehlen: „The River of Grace". Diese wesentlich kleinere Gruppe trifft sich nicht in einem Theater, sondern im Konferenzraum eines Hotels. Kommt man an, muss man sich zunächst mit seinem Pass registrieren – denn Chinesen ist der Zutritt ja verwehrt. „Liebe deinen Nächsten", das nimmt man hier ernst, freundlich wird jeder Neuankömmling begrüßt – später darf man sich dann auch als neues Mitglied der Gemeinde zu erkennen geben, man wird gebeten aufzustehen, und die ganze Gemeinde klatscht. Es beginnt mit recht moderner Gitarrenmusik – die gesamte Band spielt barfuß, was mir etwas suspekt ist. Auch der junge Herr, deutlich als Amerikaner erkenntlich, der durch den „service" führt, trägt nichts an den Füßen. Nachdem er das Mission-Statement der Kirche erklärt hat, das hauptsächlich aus dem Ziel der „Leidenschaft durch Gottes Allgegenwart" und „bedeutsamen Beziehungen" besteht, beginnt seine Predigt. Sie handelt von dem brennenden Dornbusch, durch den Gott sich Moses gezeigt und durch den er zu Moses gesprochen hat. Je länger er davon spricht, umso aufgeregter wird er. Nun schließt er seine Augen und bittet Gott, sich heute, jetzt und in diesem Raum zu zeigen. Seine Stimme wird immer lauter, er spricht fast rhythmisch. Seinen Oberkörper bewegt er im Takt seiner Stimme, seine Arme streckt er, die Handflächen nach oben hin geöffnet, in die Höhe. „Jesus, light my fire. Let us burn, let us know that you are here!" Als sei dies nicht ausdrucksstark genug, fordert er nun seine Brüder und Schwestern auf, fleißig mitzurufen. Alle schließen die Augen und rufen: „Jesus, light my fire!" Der amerikanische Vorbeter der Erweckungssekte fällt vor uns auf die Knie, nach wie vor mit geschlossenen Augen, und trommelt jetzt mit beiden Handflächen auf den Boden – „Yes, Jesus, I want to feel you, light my fire! Let me know that you are with me!" Es gibt also auch solche Christen in Peking.

Ostern naht, mein erstes Ostern ohne Familie. Die Gedanken gehen an solchen Festen nach Hause, ich denke an den Gottesdienst und die Ostereiersuche in der Lüneburger Heide und daran, wie meine Mutter immer aus der Hasenschule vorgelesen hat. Dies wird auch mein erstes Osterfest „abroad" sein, ohne Geschwister und Eltern. Für den Gottesdienst habe ich mir die Nan-Tang, die Süd-Kathedrale in Qianmen ausgesucht. Ich hätte auch in die Botschaft gehen können, doch so trocken wie dort muss ein Gottesdienst auch wieder nicht sein. Die Kathedrale liegt südwestlich vom Platz des Himmlischen Friedens, was für mich eine recht lange Fahrt von 45 Minuten bedeutet. Zunächst fahren wir über den 3. Ring Richtung Süden. Nichts, aber auch gar nichts auf dem ganzen Weg zur Kirche erinnert daran, dass heute Ostersonntag ist. Keine Knospen blühen, es ist noch richtig kalt. Schokoladenhasen findet man allenfalls in einigen internationalen Hotels.

Und vor allem spricht niemand von Ostern, denn keiner hat frei.

Langsam nähern wir uns der Kirche. Die Prachtstraße Chang'An haben wir passiert und befinden uns nun auf dem Platz des Himmlischen Friedens. Mit seiner hellen Haut und stechenden Augen, aber einem weichen Lächeln blickt Mao auf mich herab. Der Eingang der Verbotenen Stadt ist ein Bild, das jeder Ausländer aus den Nachrichten kennt. Immer, wenn ich dort vorbeigehe, wird mir wieder bewusst: Du bist tatsächlich in Peking, in China.

Wir fahren an einer Menschenmasse vorbei, die für irgendetwas ansteht. Nein – halt. Wir fahren nicht an ihr vorbei, wir sind da! Zwischen einigem Geäst und neben dreistöckigen Backsteinhäusern erkenne ich ein großes, steinernes Kruzifix auf dem Dach der Kirche. Durch diesen europäischen Sakralbau fühle ich mich beinah nach Italien versetzt. Leicht geschwungen ist das Giebeldach, schlicht dekoriert die Fassade. Bevor man aber in diese Neo-Renaissance-Welt eintritt, schreitet man durch ein chinesisches Tor in einer Mauer, die das Kirchenareal umgibt. Diese weiß gestrichene Mauer ist mit grün glasierten Ziegeln abgeschlossen, und der Torbogen darin ist rund gebaut. Geht man hindurch, kommt man auf den ersten Kirchenvorplatz. Eine vergoldete Statue des Matteo Ricci steht darin, auch eine Madonnenfigur aus weißem Marmor, die die Mitte eines großen Springbrunnens ziert. Viele Chinesen, besonders Frauen, stehen betend davor – ich trete näher, immer wieder von Blitzlicht abgeschreckt. Denn für die neuen Christen Chinas sind diese Figuren mehr als Anbetungsobjekte, sie sind für viele die neuen Pop-Idole, und daher möchte sich jeder hier mit Madonna vor dem Springbrunnen ablichten lassen. Von diesem ersten Hof führt ein zweiter ab, der nun direkt vor dem Eingang der Kirche liegt. Hier sind Holzbänke aufgebaut, ungefähr zehn, um auch allen Besuchern einen Sitz anbieten zu können.

Die chinesischsprachige Messe scheint noch in Gang zu sein, denn viele knien vor ihren Bänken, und niemand macht Anstalten aufzubrechen. Als ich mich zurück zu dem Madonnen-Springbrunnen begebe, bemerke ich ein Wohngebäude mit einem schönen, begrünten Innenhof, direkt neben der Kirche und an den Kirchenvorplatz angrenzend. Bestimmt ein Gemeindehaus, denke ich, und trete ein. Und wieder fällt mir dieser Kontrast zwischen der Bauweise der Kirche und seinen umliegenden Gebäuden auf, denn wie die Mauer, die dieses Grundstück umgibt, so ist auch diese etwa zehn Meter lange Hausreihe schlicht und im typisch chinesischen Stil gebaut. Die Wände sind weiß verputzt, die kleinen Fenster mit einem Mückennetz versehen, und das flache Dach wie auch die Fensterrahmen sind grün gestrichen. Ein junger Vater spielt mit seinen Kindern neben einem Baum. Die Kinder schätze ich auf sechs und acht. Der Vater ist Ausländer. Ah – ils parlent français. Kurz denke ich noch darüber nach, meine eingerosteten Französischkenntnisse aus Schweizer Zeiten wieder aufleben zu lassen; um aber meinem fremden Gegenüber sprachlich nicht unterlegen zu sein, entscheide ich mich doch für Englisch.

„Ist das hier ein Gemeindehaus?", frage ich. Der Mann blickt zu mir auf: „Ich glaube nicht, nein. Die Priester wohnen hier, und manchmal veranstalten wir hier Grillfeste oder andere Aktivitäten für die Gemeinde." – „Seit wann sind Sie denn Teil dieser Gemeinde?" – „Ich kenne die Kirche eigentlich schon seit fast zwei Jahren, bin aber erst seit kurzem richtig involviert. Es ist schön für die Kinder, sie werden während der Messe betreut und langweilen sich nicht so. Und Sie?" – „Ich bin zum ersten Mal hier. Darf ich Sie mal was fragen?" Er nickt. „Finden Sie nicht auch, dass viele Chinesen ihre Gläubigkeit etwas zu sehr an die Öffentlichkeit tragen?" – „Wie meinen Sie das?", fragt er mich etwas überrascht. „Ich denke da zum Beispiel an eine Kollegin von mir, die liest ernsthaft im Büro ihre Bibel. Dann erzählt sie mir immer wieder von Erleuchtungen, davon, wie sie nachts mit Gott spricht. Und sie fragt mich, warum ich mich nicht für sie freuen würde. Ich freue mich ja für sie, ich habe ihr aber auch gesagt, sie sollte dies mal lieber für sich behalten und nicht anderen Leuten erzählen. Damit kann doch fast niemand umgehen."

Der junge Franzose, Jerome heißt er, blickt mich noch etwas fragend an. Schnell schiebe ich hinterher: „Ich glaube ja nicht weniger an Gott, aber ich behalte es einfach für mich. Ich denke, es liegt einfach daran, dass wir schon so lange an diesen Glauben, der bei uns ja so weit verbreitet ist, gewöhnt sind, dass wir ihn mittlerweile wesentlich nüchterner betrachten." Da gibt er mir recht und fügt hinzu: „China ist meiner Meinung nach spirituell ausgetrocknet und verdurstet. Besonders seit der Kulturrevolution wurde ja keine Art von Glauben mehr zugelassen, und ... " Seine Tochter unterbricht uns kurz und zieht ein Taschentuch aus der Hosentasche des Vaters. „... und obendrein durfte niemand an sein eigenes Wohl denken. Nur die Gruppe zählt, und da wird jede Art von Emotionen und eigenen Gedanken schnell beiseitegeschoben." Das scheint mir alles sehr plausibel und erklärt das Verhalten meiner Kollegin. Es muss sich großartig anfühlen, wenn man nach einem jahrzehntelangen Kampf gegen Spiritualität endlich an etwas glauben darf, hoffen darf und seinen Emotionen Ausdruck verleihen kann. Plötzlich dürfen sie wieder gemeinsam ihre Gefühle austauschen und offen über sie sprechen. Sie können ihren Glauben feiern. Was hier vor sich geht, ist die spirituelle Wiedergeburt eines ganzen Volkes.

Der chinesische Gottesdienst in zu Ende. Hunderte von Menschen drängen durch die beiden offenen Flügeltüren ins Freie. Für den Mitteleuropäer sind die vielen Kirchgänger ein eher ungewohntes Bild. In unserer Gemeinde in Deutschland sterben die treuesten Kirchgänger langsam weg, und nur wenige junge Familien rücken nach. In China hingegen ist die Kirche im Wachstum begriffen. Es sind fast ausschließlich junge Chinesen, die hier auf mich zukommen. Gemeinsam mit Amerikanern, Latinos, Philippinos, Singapurianern, Italienern, Osteuropäern und Englisch sprechenden Chinesen schieben wir uns jetzt in das Innere der Kirche. Ich nehme weit vorne Platz. Vier Leinwände sind aufgebaut, auf die bereits das erste Lied mit der Anfangszeile „Oh come the almighty king" projiziert wird. Außerdem helfen zwei Fernseher in den Seitenschiffen der Kirche den restlichen Zuschauern dabei, ebenfalls den schön geschmückten Altar sehen zu können. Schön? Mit Mühe geschmückt, das trifft es besser. Je länger ich da sitze, und den Altarbereich betrachte, umso skurriler wirkt er. Was mir zunächst wie ein ganz normaler Kirchenbau erschien, setzt sich bei längerer Betrachtung immer mehr von den mir bekannten Kirchen-Ikonografien ab.

Über dem Altar hängt ein großes, eher kitschiges Madonnenbild, das, so scheint es mir, mit der Paint-Brush-Technik gemalt worden ist. Es ist also recht neu, wie auch die gesamte Ausstattung der Kirche – aber auf alt getrimmt. Die Madonna trägt ein hellblaues Kleid und ihre Wangen schimmern in unnatürlichem Rot, als hätte sie gerade das Hühnchengericht Gong Bao Ji Ding gegessen und dabei auf eine Chilischote gebissen. Demütig senkt sie ihren Blick hin zu ihren zierlichen Füßen, wo sich eine Schlange um ihre Knöchel windet. Ihre Arme hält sie rechts und links von sich gestreckt, als wolle sie gleich jemanden umarmen. Das alles ist noch mit mir bisher bekannten Maria-Darstellungen zu vereinbaren. Die dicken Strahlen, die jeder Einzelne ihrer Finger abgibt und die eher an Spiderman als an die Mutter Gottes erinnern, empfinde ich jedoch als störend. Das etwas authentischer wirkende Holz-Kruzifix ist von unten mit einer Art Schreibtischlampe angestrahlt, so dass der Eindruck entsteht, der gekreuzigte Jesus würde durch eben jene heiligen Strahlen erhellt, die den fein manikürten Fingerspitzen der Maria entfahren. Ob dieser „special effect" jedem hier in der Kirche auffällt? Die meisten sind bestimmt durch die bunte Lichterkette abgelenkt, die liebevoll um den goldenen Rahmen des Maria-Bildes gelegt wurde, abwechselnd rot, gelb und grün blinkt und deren Geschwister in China zu jeder Jahreszeit größten Absatz finden.

Es geht los, zwischenzeitlich hat sich die Kirche gefüllt. Eine zierliche Chinesin steigt hinauf zum Rednerpult und bittet darum, alle Mobiltelefone abzuschalten. Dann beginnt sie, ganz alleine mit einem wunderschönen und klaren Sopran zu singen. Langsam stimmen die Kirchenbesucher mit ein. Während wir von unserem lieben Gott singen, zieht der Pfarrer zum Altar, gefolgt von stramm marschierenden Messdienern. Nach einigen Minuten der Einkehr und einer Begrüßungsansprache beginnt der Pfarrer mit den ersten Antwort-Psalmen. „Go out to all the world and tell the good news." Gut gewählt, finde ich. Während ich halb zuhöre und mich in meinen eigenen Gedanken verliere, wende ich meine Aufmerksamkeit wieder der Einrichtung der Kirche zu. Auch die Decke ist geschmückt.

Ich sehe Kronleuchter, mit Sicherheit neue, und zähle insgesamt 15: einen großen über dem Altar und die anderen regelmäßig im Bauch der Kirche verteilt. Die Decke ist mit silbernen Sternen geziert, die an einen Sternenhimmel erinnern. Sie sind selbstgebastelt und sehr schön. Eine Tapete mit Marmoroptik überzieht wie eine edle Haut alle Flächen – alle, bis auf den Boden und die Decke. Fast wäre es mir gar nicht aufgefallen. Dies also ist eine Staatskirche, eine Kirche, die den Vatikan nicht als sein Oberhaupt akzeptiert. Gleichzeitig aber ist doch der Versuch ganz offensichtlich, wie eine alte römisch-katholische Kirche aussehen zu wollen. Die Chinesen sind eben gut im Kopieren, selbst wenn es um Spirituelles geht. Mittlerweile ist der Pfarrer bei der Predigt angekommen und liest uns aus Jesaja vor: „Ich kenne ihre Taten und ihre Gedanken und komme, um die Völker aller Sprachen zusammenzurufen, und sie werden kommen und meine Herrlichkeit sehen. Ich stelle bei ihnen ein Zeichen auf und schicke sie zu den fernen Inseln, die noch nichts von mir gehört und meine Herrlichkeit noch nicht gesehen haben. Sie sollen meine Herrlichkeit unter den Völkern verkünden." Wie ein Spion meiner römischen Kirche fühle ich mich, und ich versuche, irgendetwas Anrüchiges oder Politisches aus den Worten des Pfarrers herauszuhören. Nichts. Der Jesaja-Vers – eine politische Propaganda? Nein, es handelt sich um einen Vers, der in China tatsächlich einen Sinn ergibt.

Ein Messdiener geht im Stechschritt an mir vorbei, in einer zu kurz geratenen Kutte mit einem festgezogenen, roten Kummerbund. Er bereitet die Kommunion vor, denn wir sind schon bald am Ende des Gottesdienstes angelangt. Der Pfarrer mahnt laut: „Wer nicht getauft ist, darf nicht an der heiligen Kommunion teilnehmen. Bitte treten Sie dann nur vor, um einen Segen zu erhalten." Diese Ansage überrascht mich zunächst, doch wenn man bedenkt, dass die meisten Chinesen hier bestimmt erst als Erwachsene Mitglieder dieser Glaubensgemeinschaft geworden sind und viele von ihnen noch nicht getauft wurden, so ist der Hinweis nicht ganz unbegründet. Nach der Kommunion folgt das stille Gebet, in der Bank kniend, eine Einkehr in sich selbst – Beten für den eigenen Bedarf.

Ganz zu Hause fühle ich mich in Peking noch nicht, ich spüre, wie mir Tränen in die Augen steigen. Mein erster Kirchgang in China. Ich bin stolz, doch fühle ich mich plötzlich auch verlassen. Zu Hause macht der Ostergottesdienst mehr Spaß, in einer Bank mit Eltern und Geschwistern, wo man sich zwischen dem Vaterunser und der Predigt auch mal heimlich Ostereier zusteckt. In der Kirchenbank geraten mir wieder Bilder der letzten Nacht in den Sinn, als wir stundenlang zu Pink Floyd und ABBA gesteppt haben. Und schon komme ich mir weniger allein vor, wir treffen uns ja sowieso nach der Messe mit Freunden im Jingshan-Park zu einem Oster-Picknick. Voll Vorfreude blicke ich auf die digitale Uhr, die rechts vom Altar hängt und in knallroten Zahlen nicht nur jede Sekunde, sondern auch noch die Temperatur anzeigt. Fehlte nur noch, dass auch hier ein Olympia-Countdown tickt, wie gegenwärtig überall in Peking.

Draußen treffe ich noch auf Nero, einen unglücklichen und einsamen Diplomaten, der mich seinen Freunden vorstellt. Der eine ist ein schwerbehinderter Chinese, der andere ein offensichtlich psychisch erkrankter Iraner. Ich unterhalte mich mit beiden, so gut es geht, und freue mich, dass sie wenigstens hier in der Kirche akzeptiert werden und Hilfe und Trost finden.

Bereits während der Messe hat es zu regnen begonnen, wie ärgerlich – Picknick im Regen, keine ideale Kombination. Als ich in meinem Taxi über den Tianan'men rolle, mache ich ein großartiges Foto: Tausende von Menschen, alle in rosafarbene, mintgrüne oder hellblaue Regencapes gehüllt – was für ein Anblick. Wirkliche Individualisten sind die Chinesen noch lange nicht, überlege ich, und fahre weiter zum Jinghsan-Park.

四月

April

DAS OSTERSONNTAG-PICKNICK war ganz herrlich. Nach achtstündigem Parkaufenthalt, gemeinsamen Chorälen mit Chinesen, einem mindestens fünfgängigen Brunch und vielen Flaschen Weißwein vermelde ich hiermit, dass der Jingshan-Park zu meinen liebsten Aufenthaltsorten in Peking zählt. Ihm folgt dann jeder andere Park der Stadt, denn der Charme, den diese Orte versprühen, ist unwiderstehlich. Ich glaube, keiner, egal ob Investmentbanker, Human-Rights-Watcher oder Greenpeace-Aktivist, kommt dagegen an, China und seine Menschen nach Spaziergängen durch die Parks ins Herz zu schließen.

Und ganz nebenbei wächst einem praktische Lebensphilosophie zu:

- Schäme dich niemals zu singen, egal, wie schlecht deine Stimme ist – je lauter, desto besser!
- Bastle dir ein eigenes Musikinstrument aus einer Blechdose, einem hölzernen Stock und feinen Drähten – klingt toll.
- Ignoriere Bäume nicht, sondern unterhalte dich mit ihnen.
- Spare Zeit, indem du dich nicht umziehst, sondern den ganzen Tag einen Schlafanzug trägst – auch Sport im Schlafanzug ist durchaus möglich.
- Du brauchst nichts Besonderes, um einen traumhaften Sonntag mit all deinen Freunden zu verbringen – Zusammensein ist alles.

Zusammensein ist alles – so leben auch wir. Mit etwa vierzig Freunden und Bekannten tummeln wir uns heute zwischen Hunderten Chinesen. Eine freie Lichtung zu finden war wohl das schwierigste der gesamten Übung, denn fast jede Ecke des Parks ist von einem semi-professionellen Chor besetzt. Diese Chöre haben zehn bis 150 Mitglieder, singen jedoch meist so laut, dass man sich neben ihnen gar nicht unterhalten kann. Nach einigem Suchen finden wir aber eine mit Steinplatten befestigte Ecke, in der wir das enorme Buffet aus mitgebrachten Speisen aufbauen, außerdem eine Bar, die es in einem Vielfältigkeitswettbewerb mit jeder Großtadtkneipe hätte aufnehmen können. Die Beschreibung in unser aller Bibel „That's Beijing" hätte wahrscheinlich gelautet: „Rucksacktouristen und Operndiven fühlen sich hier wohl. Bonsai oder Bombay Gin, das ist hier die Frage – doch die Bar im Grünen mit Live-Performances (Eintritt frei) und Fusion-Buffet lässt keine Wünsche offen. Jingshan Gongyuan Dong Men, 13718849988".

Sicher, über zwei Stunden hinweg klingelt alle drei Minuten mein Handy, denn jeder Neuankömmling muss ja zu unserer Lichtung gelotst werden. Schnell spricht es sich im Park herum, dass eine Horde Ausländer ein Stück chinesisches Gebiet annektiert hat, und so bekommen wir etliche neugierige Besucher, die misstrauisch unser Essen beäugen, uns zum Tanzen aufforderten oder ...

Die Tür geht auf. Zhao Mei tritt ein und misst meinen Puls. Routineuntersuchung. Dann wechselt sie meinen Tropf, einen durchsichtigen Plastikbeutel mit einer milchigen Flüssigkeit, die mich vorm Austrocknen bewahren soll. Ich befinde mich im Beijing Hospital, nahe der Einkaufsstraße Wangfujing. Mein Krankenzimmer ist, schätze ich, von weiteren sechs Patienten belegt. Jeder von uns hat sein eigenes Bett, durch graue Vorhänge voneinander getrennt. Ob das einstmals Duschvorhänge gewesen sind? Als wäre es am Ostersonntag nicht der Feierlichkeiten genug gewesen, haben wir auch den kommenden Sonntag brunchend verbracht. Eine dekadente Austern-Fete haben wir zelebriert, doch leider blieb sie für mich nicht ohne Folgen: eine Vergiftung samt inneren Blutungen. Wer jetzt gleich abschätzig an chinesische Lokale und deren Hygiene denkt, der tut den Chinesen Unrecht: Schuld war ein Fünfsternehotel einer amerikanischen Kette, das wir arglos besucht hatten. Na ja, unverhofft kommt oft, sagt man wohl. Ich hätte zwar gerne auf das Drama verzichtet – wäre meine Familie doch fast auf Anraten eines diagnoseunsicheren Arztes hin („You better come!") in den nächsten Flieger nach China gestiegen. Aber immerhin lernte ich ein chinesisches Krankenhaus von innen kennen ...

Berichte über das Gesundheitssystem in China sind so verschieden wie das Leben eines chinesischen Bauern in Xinjiang und das einer neureichen Shanghainesin – also sehr verschieden. Die generelle Meinung im Ausland ist, dass dieses brutale System keinen Menschen, ganz gleich wie krank er ist, behandele, ohne dass dieser Bares in der Hand habe. Zugegeben, ganz falsch ist das nicht – ich wäre auch ohne ärztliche Hilfe geblieben, wäre meine Mitbewohnerin samt Kreditkarte nicht ständig an meiner Seite gewesen. Absurd ist auch, dass man keine Vorauszahlungen machen kann, sondern wirklich jede Spritze und jede einzelne Tablette unmittelbar dann bezahlen muss, wenn man sie verabreicht bekommt. Nachdem ich mich bereits dreimal übergeben musste, als der Arzt versuchte, mir eine Magensonde durch die Nase zu schieben, habe ich auch um keine Sonderbehandlung mehr gebeten.

Gao Yang tritt ein. Sie sieht sehr betroffen aus und setzt sofort zu einer Rede an, in der sie jede Schuld für Chinas fehlende Hygiene im Generellen und ihre Abwesenheit bei meinem ersten Arztbesuch im Besonderen auf sich nimmt. „Ich frage mich, ob es wirklich von den Lebensmitteln kommt, die du gegessen hast. Es tut mir so leid – dabei wird jedes Hotel und jeder Zulieferer genau kontrolliert, und man kann sich eigentlich sehr auf die hygienische Handhabung von Lebensmitteln verlassen, wie bei euch", sagt sie. „Ich hätte auch in Hamburg schlechte Austern erwischen können, Yang", antworte ich, um sie zu beruhigen. „Ich weiß, dass es mit China nichts zu tun hat." Sie lässt nicht locker: „Und es tut mir so leid, dass ich erst so spät davon erfahren habe, ich musste mein Telefon gestern ausschalten, denn ich war in einem Meeting in meinem Hotel bis spät am Abend und anschließend habe ich vergessen, es wieder einzuschalten. Ich glaube, ein Freund des Bruders meines Vaters kennt einen sehr guten Arzt in Shenyang, der wiederum bestimmt Beziehungen zu Pekinger Krankenhäusern hat, und da hätte ich dich hinbringen sollen."

Ich grüble noch über den unbekannten Bekannten des Freundes des Bruders ihres Vaters nach und wechsle dann lieber das Thema. „Das ist doch gar nicht schlimm, mir geht es schon viel besser. Du kannst ja nicht ständig in Bereitschaft sein, nur für den Fall, dass ich mal irgendetwas habe. Viel eher kannst du mir mal erklären, wie das ein Chinese macht, wenn er auf einmal solche Arztrechnungen bekommt", frage ich. – „Chinesische Medizin ist billiger als solche Krankenhäuser, und viele behandeln sich weitgehend selbst. Die Älteren in einer Familie verfügen meist über ein gewaltiges Wissen, was Kräuter, Tees, Massagen und Akupunktur angeht. Und da fängt jeder Heilungsprozess an." – „Und wenn doch mal höhere Summen bezahlt werden müssen?" – „Dann springt die Versicherung ein."

Ich blicke sie etwas verdutzt und ungläubig an. Sie bemerkt meine Zweifel und schiebt hinterher: „Ja, also, sie zahlt nicht alles. Seitdem wir zu SARS-Zeiten international so viel für unser Gesundheitssystem kritisiert worden sind, baut unsere Partei Versicherungen auf. Damals wurde allen bewusst, dass die Selbstheilung nicht immer ausreicht, und sich bei unbekannten Krankheiten nur wenige einen Arzt leisten können." – „Das muss ja eine furchtbare Situation für Ärzte sein, wenn man Patienten wegschicken muss, weil sie kein Geld haben." – „Ganz so ist es ja nicht mehr." Während ich schon bei leichten Hautschuppungen beim besten Hautarzt der Stadt anstehe, wo auch andere Hypochonder heilsamen Rat suchen, kann ein Chinese bereits Blut spucken, und es würde ihm noch immer eine Untersuchung verweigert. So wurden, wie immer in der Politik, verschiedene Gremien, Ausschüsse und beratschlagende Konferenzen einberufen, um eine allgemeine Versicherung zu etablieren. „Unser Land ist einfach so riesig, dass jede Provinz und jede Stadt ein eigenes System hat. Man kann nicht die gleichen Versicherungssummen von jemandem in Fujian verlangen wie von jemandem in Tibet. Generell lässt sich unser Gesundheitssystem aber so erklären: Man selbst zahlt zehn Yuan pro Jahr in seine Versicherung ein, und der Staat zahlt vierzig Yuan obendrauf." – Kurze Erläuterung für China-Fremde: Wir sprechen hier von ungefähr einem beziehungsweise vier Euro. Im Jahr! Dies sind Höchstbeträge, die so auch von chinesischen Ministerien veröffentlicht werden. – „Diese Summe bekomme ich zum Beispiel, mit hoher Wahrscheinlichkeit trifft diese Summe also auf die Minderzahl der Chinesen zu", vergleicht Yang. Es lässt sich leicht vermuten, dass nun ein Betrag von fünf Euro pro Jahr nicht sämtliche Arztbesuche deckt.

Mein zweitägiger Aufenthalt in diesem staatlichen Krankenhaus kostete auch knappe 2000 Euro – inklusive Rettungswagen. Nein, ich hätte nicht 400 Jahre einzahlen müssen, um nun meine Kosten zu decken. Wer regelmäßig in diesen großen Pool von Versicherungsgeldern einzahlt, dem werden mindestens zehn und maximal sechzig Prozent der Krankenhauskosten erstattet. Das Problem hierbei ist nur, dass in den meisten Bezirken und Provinzen eher zehn als sechzig Prozent zutreffen, denn dieser Beitrag hängt vom Vermögen der jeweiligen Provinz ab. Abschließend erklärt Yang: „Es hat sich schon so viel verbessert, und ich finde den Ansatz richtig, wenn er auch bei weitem nicht ausreichend ist und noch längst nicht alle Bewohner des Landes erreicht." Da hat sie recht, und mich plagt fast ein schlechtes Gewissen, sie etwas vorwurfsvoll mit den Schwächen des Systems konfrontiert zu haben. Yang verabschiedet sich, doch verspricht sie, nach ihren Einkäufen in ein paar Stunden nochmals vorbeizuschauen.

Zhao Mei scheint ihre Runde in unserem Zimmer beendet zu haben. Es gibt hier übrigens keinen Fernseher, kein Radio oder ähnliche ablenkende Einrichtungen. Halb unter mein Bett geschoben befindet sich ein kleiner Hocker, auf dem Yang gerade gesessen hat. Neben Yang habe ich schon einige andere Besucher gehabt – zehn Punkte fürs Einleben in China! Die gebe ich mir selber, und ich finde, ich habe sie mir redlich verdient. Verschiedene Freunde und Kollegen haben bereits gratuliert, denn erst nach der ersten Lebensmittelvergiftung gehört man in China richtig dazu. Ich setze mich auf, um dann ein Bein nach dem anderen auf den Boden zu stellen. Auf dem Gang muss ja irgendwo ein WC sein. Wie in anderen Krankenhäusern sind die Gänge mit hellblau-grauen Laminatböden belegt. Gelbliche Plastikstühle, die auf horizontal verlaufende Metallröhren geschraubt sind und auf diese Weise eine Bank bilden, bieten wartenden Patienten Platz. Die Krankenschwestern tragen weiße Uniformen und traditionelle Häubchen, weiß und gesteift, wie ich sie sonst nur aus Filmen kenne. Ich begegne einem süßen Mädchen mit zwei Zöpfen rechts und links, die von roten Schleifen gehalten werden. Sie nagt an einem Maiskolben und staunt mich still an, jedoch ohne zu lächeln. Ich weiß, ich zeige mich heute nicht von meiner besten Seite, aber sehe ich denn wirklich so furchterregend aus? Jetzt beginnt sie laut zu weinen – und nun bin ich erschrocken und etwas beleidigt über ihre Reaktion, war ich doch kurz davor, ihre Wangen zu streicheln. Ach so, sie hat sich einen Zahn ausgebissen, deswegen weint sie. Ich vergebe ihr, will sie aber trotzdem nicht mehr streicheln.

Die Verwaltung in diesem Krankenhaus funktioniert auf althergebrachte Weise: viel Papier, wenig Computer, wenig Elektronik. Und besonders hygienisch ist es hier auch nicht, da kann Yang mir von Kontrollen erzählen, so viel sie möchte. Es riecht nicht nach diesem Krankenhaus-Sauber, nach dem gewohnt strengen Sagrotan-Duft. Es muffelt eher, und zwar feucht. Oder staubig? Nein, eher angeschimmelt. An die Gerüche habe ich mich mittlerweile sehr gewöhnt. Bei meiner Ankunft war es noch so kalt gewesen, dass man auf den Straßen kaum Gerüche wahrnehmen konnte. Nun haben wir aber schon April, die schneidende Kälte ist vorüber, die Sonnenstrahlen treiben die Temperaturen wieder in die Höhe, und man sieht die übliche Flut von Fahrrädern auf den Straßen. Die Stadt ist frisch erfüllt von allerlei Düften. Würde die Luft je nach Geruch ihre Farbe ändern, dann wäre Beijing ein buntes, impressionistisches Kunstwerk. Hier wäre auf dem Bild ein dicker Ölstrich von Rot, mit leichten orangefarbenen Klecksen durchzogen – ein Obstmarkt. Dort wäre es in Olivgrün getaucht, etwas ins Schwarze abgedunkelt – ein Fahrrad-Reparateur. Gegenüber meiner Wohnung wäre das Kunstwerk goldbraun – eine Garküche. Rosa wäre die Luft im Park gemalt, nach Datteln Ziziphus Jujuba und der Goldrose duftend. Dunkelblau wäre die Farbe vor dem Müllraum, der an meiner Straße liegt, und an vielen Ecken in Peking hätte der Künstler zu Grau gegriffen, hellem oder dunklem Grau, durchzogen von bunten, aber sehr dünnen Strichen. Das sind all jene Düfte, die man nicht identifizieren kann. Ich male mir dieses Bild sehr schön aus, und wann immer ich durch die Straßen Pekings stolziere, verändert sich das Bild ganz leicht. Der Maler holt wieder seine Palette hervor, feuchtet die angetrockneten Farben neu an und fügt hier und da eine grobe Linie hinzu. Oder er retuschiert andere, wenn sich mal wieder ein Straßenzug verändert hat. Es ist ein interessantes Bild, das ich mir tagein, tagaus ansehen könnte. Ich würde jede Stunde neue Umrisse darin erkennen, neue Gebäude, neue Mülltonnen, alte Fahrräder und noch viel ältere Menschen, die versuchen, sich in diesem Wirrwarr von Farben, Geräuschen und Gebäuden selbst zu finden. Wo würde ich es wohl aufhängen? Ich bin nicht sicher, ob ich es jedem zugänglich machen wollte oder lieber dort aufhängen würde, wo nur ich und wenige Freunde an dieser Pracht teilhaben können.

Leider stolziere ich gerade nicht; ich schlurfe. Ganz langsam, und den Tropf hinter mir herziehend. An der Türe am Ende des Ganges angekommen stelle ich fest, dass das WC nicht funktioniert. Wirklich, es ist kaputt. Und es ist das Einzige auf meinem Flügel. Und ja, ich habe eine Lebensmittelvergiftung, deren Auswirkung ich nun nicht weiter erläutern möchte. Von den Gedanken an mein Gemälde abgekommen, hinke ich diesen Gang zurück und in den nächsten hinein. Wieder sind die Sanitäranlagen kaputt – interessiert das denn niemanden, gerade in einem Krankenhaus? Nach weiterem Suchen stellt sich heraus, dass sämtliche Toiletten auf meinem Stockwerk nicht funktionieren, und so finde ich erst im dritten Stock das, was ich dringend brauche.

Noch sechs Stunden, dann darf ich nach Hause. Doch ich bin mir noch gar nicht darüber im klaren, ob dieser Krankenhausaufenthalt mich gefestigt oder aus der Bahn geworfen hat. Gerade jetzt, wo Deutschland in immer weitere Ferne rückt, meine Gedanken sich hauptsächlich um meine Pekinger Freunde drehen, ich jedem Touristen gegenüber keck behaupten kann, die Stadt zu kennen und hier zu leben, muss so etwas passieren. Auch wenn mir Freunde geholfen haben, muss ich mir selbst doch eingestehen, der Lebensmittelvergiftung und ihren Begleitumständen vollkommen ausgeliefert gewesen zu sein. Ich wusste nicht, welchen Arzt, geschweige denn, welches Krankenhaus ich anrufen sollte. Und das, obwohl meine rührende Schwester in weiser Voraussicht mir zum Abschied eine Liste mit Adressen und Telefonnummern der Krankenhäuser Pekings geschenkt hatte. Ich war außerdem nicht sicher, welche meiner Bekannten ich in so unangenehmen Momenten wirklich an meinem Bett haben wollte. Und als würde das nicht reichen, war ich mir auch darüber nicht im klaren, wie ich überhaupt versichert bin und was für Kriterien zu erfüllen sind, um in einem Krankenhaus überhaupt behandelt zu werden. Und zum zehnten Mal wurde es wieder deutlich: Ich spreche kein Chinesisch. Zwar sehe ich große Fortschritte in meinem Einkaufs-Chinesisch und in Unterhaltungen mit dem Taxifahrer, denn beides braucht man hier wesentlich öfter als das Vokabular, um einen Krankenwagen zu bestellen. Und einer Sprechstundenhilfe zu erklären, dass ich Austern gegessen und nun davon Magenkrämpfe und innere Blutungen habe, allerdings auf irgendein Penizillin (dessen Namen ich natürlich vergessen habe) allergisch reagiere – netter Versuch, Frau Rutz. Doch wie überall im Ausland rücken auch hier alle Ausländer eng zusammen, wenn jemand Hilfe braucht, und so lief eigentlich alles glatt.

Zurück in meinem Krankenbett grüble ich schon wieder darüber nach, was für Partys man noch organisieren könnte, denn eigentlich war das Picknick ein super Anfang gewesen. Vielleicht ein Essen in einem echten chinesischen Wohnhof, dem Siheyuan? Oder die Einbindung einer der Sehenswürdigkeiten in eine Veranstaltung? Nein, Letzteres verwerfe ich schnell wieder, denn in Berlin würde mich auch niemand für voll nehmen, wenn ich eine Party in der Kutsche der Quadriga auf dem Brandenburger Tor vorschlagen würde. Vielleicht sollte man so etwas aber mal versuchen! Nun, da ich ja weitere chinesische Kontakte durch Brook geknüpft hatte, ließe sich das vielleicht durch Beziehungen organisieren. Brook hört sich nicht besonders chinesisch an, weder sein Name noch unsere Unterhaltung, denn Brook spricht Deutsch. Auch er hat uns neugierig beobachtet, als wir in dem Park gepicknickt haben. Anders als die meisten hat er aber nicht erschrocken das Lindor-Osterei und das Bier abgewiesen, sondern es dankend angenommen und ein unerwartetes „Die sind sehr gut, danke!" hervorgebracht, als er genussvoll die Schokolade auf der Zunge zergehen ließ. Nadine, die, glaube ich, auch schon bei Rotwein angekommen war, und ich drehten uns daraufhin halb amüsiert, halb respektvoll zu ihm um. „Sprechen Sie Deutsch?" – „Ja, ich habe mal einige Zeit in Deutschland gelebt." – „Wo denn?" – „In Heidelberg und dann in Stuttgart. Das ist schon recht lange her, aber ich versuche, die Sprache durch Lesen zu behalten." Es hörte sich nicht wie ein mühseliges Aufrechterhalten an, eher ein studiertes und flüssiges Hochdeutsch. Sicher fehlt ihm die Umgangssprache etwas, doch weder Nadine noch ich fanden es in diesem Moment angemessen, dem ungefähr siebzigjährigen Brook neue deutsche Worte wie „krass" oder „voll" (im Sinne von total) beizubringen.

Stattdessen klemmten wir die Rotweinflasche unter unsere Arme und setzten uns mit Brook unter einen sehr schön geschwungenen, eleganten Baum, in einiger Entfernung von den singenden Massen. „In wessen Auftrag waren Sie denn in Deutschland, und wie fanden Sie's?" Nadine stellt immer die richtigen Fragen, und auch gerne mehrere in einem Satz. „Ich bin in China zum Ingenieur ausgebildet worden und war zunächst zu einem Seminar 1958 in Stuttgart." – „Wahnsinn, 1958!", sagen Nadine und ich fast gleichzeitig. „Was war das für ein Seminar?" Er denkt kurz nach und zögert. Man weiß in China nie, wem man was erzählen und wen man was fragen darf. Die meisten Chinesen äußern sich nie zur vergangenen Politik, und jeder, der zu Maos Zeiten im Erwachsenenalter war, hatte irgendetwas mit der Partei zu tun. Man kann also entweder vorsichtig sein oder einfach fragen, denn im schlimmsten Fall wird sich der Gesprächspartner nur von einem abwenden, ohne dass man eine Antwort erhält. Im besten Fall jedoch erfährt man interessante Anekdoten von Zeitzeugen. Wir hatten Glück. „Ich habe damals in der Stahlindustrie gearbeitet, und unser Staat hat zu dieser Zeit in diese Branche sehr viel investiert. Dadurch hatte ich mit Arbeitskollegen die Möglichkeit, deutsche Firmen zu besichtigen." – „Und wie war das im Vergleich zu Ihren Firmen?"

Er lacht, umfasst mit beiden Händen seine Bierflasche (selbstverständlich die Marke *Tsingtao*), führt diese, noch immer lächelnd, zu seinem faltigen Mund und trinkt. Dann zückt er aus seiner sehr gepflegten, jedoch leicht abgetragenen braunen Cordjacke eine goldene Schachtel Zigaretten. Die Zigaretten sind nicht mit weißem, sondern braunem Papier umwickelt, auf der goldenen Verpackung glänzen zwei rote Pagoden. „Es war ganz anders als bei uns. Deutschland war gerade wiederaufgebaut worden, aber mit sehr vielen neuen Maschinen und internationaler Unterstützung. Also waren eure Fabriken selbst damals schon besser ausgerüstet als unsere." Das hatte ich mir gedacht. „Woher kommen Sie denn?", fragt er. „Aus der Nähe von Hamburg." – „Und woher genau?" – „Aus der Lüneburger Heide, aber das kennen Sie sicherlich nicht." – „O doch! Als wir in den achtziger Jahren in Heidelberg waren, sind wir auch für zwei Tage in den Norden gefahren." Eine ältere Dame in lilafarbenen Polyesterleggins, einer rot geblümten Bluse und einer schwarz-weiß karierten Strickjacke steuert auf uns zu. Ich erwarte, dass sie uns Ausländer zum Tanzen oder Singen auffordern möchte, doch sie gehört zu Brook und bevorzugt ihn bei ihrer Wahl eines Tanzpartners. „Das ist meine Frau", sagt er, stellt sein Bier ab, steckt seine Zigarette in den linken Mundwinkel, steht energisch auf und beginnt mit stolz erhobenem Haupte einen rauschenden Walzer, mit dem er selbst auf dem Wiener Opernball brillieren würde.

Wir blicken ihnen erstaunt hinterher. Das Paar sieht so typisch chinesisch aus, ihre Kleidung ist ein Paradebeispiel für den in China neu definierten Stil der achtziger Jahre, der hier immer noch Mode ist. Zu ihren glänzenden Leggins trägt die Herzdame Brooks rote Samtschuhe mit einer dünnen schwarzen Gummisohle und einem Riemchen über den Spann. In ihrem grauen, in Locken drapierten Haar steckt die ultimative Sonnenabwehr – ein an einem Haarreif angebrachter brauner Plastikschirm, der, schiebt man ihn hinunter, das gesamte Gesicht beschattet. Dann sieht man aus, als trüge man einen Schutzhelm, wie ihn Schweißer verwenden. Auch erinnern diese Helme stark an die Zeichentrickfiguren „Transformer" – sie sind also für jede Kostümierung bestens zu gebrauchen. Hier aber dient der Schirm Chinesinnen dazu, ihre elegante Blässe zu bewahren. Hätte ich die beiden einfach so gesehen, tanzend im Park oder mit ihren Freunden auf der Parkbank singend, ich hätte niemals gedacht, dass dieser Herr fließend Deutsch spricht, sich in Deutschland gut auskennt und sicherlich zu Chinas Elite gehört. Man sollte sie niemals unterschätzen.

Nach zwei Liedern kehrt er zu uns zurück, und wir unterhalten uns darüber, welchem Job wir in China nachgehen. Nadine und ich würden wahnsinnig gerne erfahren, was genau er beruflich gemacht hat, doch weil er das nicht selbst anspricht, lassen wir dieses Thema fallen. Plötzlich aber greift er es wieder auf. „Nach meinem ersten Aufenthalt in Deutschland wurde unser Stahlprojekt sehr erfolgreich, und wir haben wirklich besonders viel Stahl produziert. Nur einen Fehler haben wir begangen, und der hat unser Projekt nach einem Jahr sterben lassen." – „Welcher Fehler war das?" Nadine und ich hängen gespannt an seinen Lippen. „Wir haben damals alle Menschen in die Stahlproduktion miteinbezogen, so dass jeder Arzt und jeder Bauer Stahl schmolz. Nach einem Jahr führte das zu einer Hungersnot, denn das ganze Land hatte ja eine ganze

Saison lang keinen Anbau betrieben, und Gerätschaften für die Feldarbeit hatten wir auch nicht mehr. Die wurden eingeschmolzen." Betreten, berührt und verwirrt blicken Nadine und ich ihn an. Da springt er auf (denn ein siebzigjähriger Chinese kann das noch!) und verabschiedet sich. Es sei ihm eine große Freude gewesen, uns kennengelernt zu haben, wir sollen ihm unsere Telefonnummern geben. Jetzt müsse er aber mit seiner Frau seine Tochter besuchen.

Die Sonnenstrahlen fallen wieder durch das Fenster, und ich sehe die Staubkörnchen in der Luft tanzen. Das Zimmer verfärbt sich leicht rosa, und würden meine Nachbarn nicht schniefende Geräusche von sich geben, hätte ich, weiter über Brook und die Hungersnot sinnierend, sicher einschlafen können. Offensichtlich ist mir das auch gelungen, denn ich werde durch Yang geweckt, die mit einer Krankenschwester an meinem Bett steht und Tee aufgießt. Ganz vorsichtig tritt die Schwester zu mir, lächelt wie ein Engel und reicht mir mit einer leichten Verbeugung die Teetasse. Ich weiß nicht, wie ich liegend trinken soll, und so hilft sie mir auf und schiebt ein Tischchen an meine Seite. Ihre grazilen Bewegungen, ganz sanft und elegant, erinnern mich an eine Teezeremonie. Eine Teezeremonie wäre für jedes Wesen aus meinem Kulturkreis eine sportliche Herausforderung, denn jedes Einschenken, jede Wendung des Kopfes und jeder Schluck wird von diesen Damen so präzise ausgeübt, dass nicht ein Lächeln oder ein Tropfen dem Zufall überlassen bleibt. Yang stützt mich und setzt sich dann wieder auf den Hocker neben meinem Bett. „Ich habe dir Pu'Er Cha mitgebracht, der ist sehr gut und erholsam für den Magen." – „Das ist aber nett von dir, danke!" Weil ich ohnehin ein wenig fröstele, trinke ich erfreut meinen ersten Schluck und erschaudere. Yang lacht. „Ich weiß, er schmeckt nicht gut, aber er hilft." Nicht gut – das halte ich für etwas untertrieben, denn dieser Tee schmeckt, als hätte man Erde mit etwas Wasser vermischt und das Ganze dann durch ein Sieb gekippt. So sieht er auch aus. „Chinesische Medizin ist meistens sehr bitter. Aber sie hilft", sagt sie und streckt mir eine Packung feuchter, eingeschweißter Ingwerwurzeln entgegen, die sie (denn sie denkt ja mit und will für mich nur das Beste) schon mal geöffnet hat. „Gut für den Kreislauf, wirklich. Und nach zwei Tagen im Bett wird dir das helfen." Als auch die Krankenschwester mir ermutigend zunickt, willige ich ein und nehme ein Stück schleimige Wurzel aus der Packung. Nach zwei Tagen flüssiger Ernährung durch Tee und Wasser ist eine Zunge ungefähr so entwöhnt vom Geschmack wie ein Seemann von den Farben, der nach ewiger Fahrt zu Wasser nur noch Blau erkennt. Umso schärfer zieht diese Wurzel jeden Nerv in meinem Gesicht zusammen, und ich kann gar nicht anders, als diese zähe und strohige Wurzel auszuspucken. „Könnte ich nicht vielleicht die Wurzeln in Wasser kochen und dann trinken?", frage ich Yang mit schuldvollem Blick. „Ja, das ist auch in Ordnung", überlegt sie und steckt die Wurzeln in meine Tasche zwischen meine teure Kosmetik aus meiner Hamburger Parfümerie.

Wir machen uns auf den Weg nach Mai Zi Dian, und voller Fürsorge trägt Yang meine Sachen. Tür auf, Taschen abgesetzt – endlich sitze ich wieder in meiner Küche. Die habe ich übrigens mittlerweile rot gestrichen und dazu gleich schwarz-weiße Bilder der Großen Mauer aufgehängt, was meine Wohnung besonders wohnlich macht. Nein – das war gelogen. Mein lieber Freund Jöran hat sie gestrichen, während ich kulinarische Hilfestellung leistete – die bei mir meist sehr simpel ausfällt. Sofort geht Yang ans Werk und packt den Ingwer aus. Und ich habe gehofft, sie hätte ihn vergessen. „Wo ist denn dein Tong Shui?" – „Mein was?" – „Na dein Wasserspender. Hast du etwa keinen?" – „Äh, nein. Ich habe aber einen Wasserkocher, geht der nicht auch?" Etwas besorgt, da ich kein 25-Liter-Wasserfass in meiner Wohnung halte, und leicht pikiert darüber, dass sie sich mit einem so unpraktischen Gerät wie dem Wasserkocher abgeben soll, dreht sie meinen etwas angerosteten Wasserhahn auf. Tong Shui, das ist übrigens eine Einrichtung, die jedes Land sofort übernehmen sollte. In jedem chinesischen Büro, in jeder chinesischen Wohnung, an Bahnhöfen, in Restaurants, der Post und Geschäften – überall steht ein voluminöser Wasserspender. Er gibt an dem einen Hahn kaltes und an dem anderen heißes Wasser ab, denn das Gerät wird mit Strom betrieben. Sobald der Kanister leer ist, ruft man einfach eine Nummer an, die auf dem Spender steht, nennt seine Adresse und in der nächsten Viertelstunde steht jemand vor der Tür, um das Wasser aufzufüllen.

„Sag mal, ich habe etwas von einer Hungersnot in den Sechzigern erfahren, die irgendeinem Stahlprojekt folgte – weißt du etwas darüber?" – „Ja, ich weiß, welche Zeit du meinst. Nach der Gründung der Republik 1949 hat China sich unheimlich schnell entwickelt. Es haben sich mit einem Mal viele Dinge geändert." – „Und wodurch kam diese schnelle Entwicklung?" – „Unsere Regierung wollte damals die Vereinigten Staaten und Russland wirtschaftlich einholen, und das wurde vor allem durch Stahleinschmelzung versucht – und sogar fast erreicht!" – „Stimmt es denn, dass jeder dabei mitmachte, egal welchen Beruf man vorher ausgeübt hat?", frage ich zweifelnd. „Ja, mein Vater hat auch dabei geholfen", antwortet Yang. „Sogar Schulen. Schüler zum Beispiel haben sich nicht mehr aufs Lernen konzentriert, sondern sind den ganzen Tag durch die Straßen gelaufen, um jede Schraube und jeden alten Wok zu Schmelzöfen zu bringen." Sie hält kurz inne, verhaspelt sich in „Mh" und „Na ja" und „Weißt du ..." und scheint dann eine Idee zu haben, wie sie mir weiter erklären kann, was sie meint. „Wenn ein Land zum Beispiel natürliche Ressourcen hat, die für fünf Jahre reichen, sie aber innerhalb von zwei Jahren aufbraucht, dann ist es eigentlich selbstverständlich, dass daraufhin eine Zeit folgt, in der es zu wenig gibt." – „Klar, und wie lange hat diese Phase angehalten?" – „Drei Jahre. Das war wirklich eine schlimme Zeit." – „Und trotzdem wirfst du solche Fehlentscheidungen der Regierung nicht vor?" – „Kathi, es war im Grunde keine schlechte Idee. Aber Maos großer Fehler war, dass er China nie verlassen hat und so nicht sehen konnte, wie es anderswo funktioniert." Der Tee ist fertig, und leider schmeckt Ingwer in flüssiger Form auch nicht angenehmer als in rohem Zustand.

Geholfen hat er wohl, denn seit einigen Tagen bin ich wieder fit und Teil der arbeitenden Bevölkerung. Heute Abend steht mir ein Essen mit Kollegen bevor, denn wir befinden uns eine Woche vor den chinesischen Maifeiertagen, und diese Feiertage wollen wir vorweg schon mal im Freundeskreis feiern. Die Tatsache, dass ich den Ausdruck „steht mir bevor" verwende, soll nicht bedeuten, dass meine Kollegen nicht großartig wären. Ganz im Gegenteil, sie sind fantastisch. Ich weiß aber, dass die Feier in einem chinesischen Restaurant ihrer Wahl stattfinden wird. Und der Knackpunkt dabei ist, dass ich keinen Einfluss auf die Wahl des Lokals habe, denn Essens-Entscheidungen sind in China so wichtig wie die Wahl eines neuen Autos in Deutschland. Ich habe mich also von Anfang an herausgehalten. Zwischenzeitlich war mal ein Sichuan- („sehr scharf und sehr gut") Restaurant in die engere Auswahl geraten, dann vor ein paar Tagen ein Kantonese (bei dem man alles isst, was mindestens zwei Beine hat und auf die eine oder andere Weise als biologisch lebend bezeichnet werden kann), heute aber haben sie sich für ein Hakka-Restaurant entschieden. Die Wahl eines Minderheiten-Restaurants ist sehr ungewöhnlich. Es gibt 56 Minderheiten in China, und noch nie habe ich von einem Han-Chinesen gehört, der sich für eine Minderheit auch nur im Geringsten interessiert hätte.

Was ziehe ich bloß an? Es ist Freitagabend, und da man nie sicher sein kann, was eine Freitagnacht noch bringen wird, greife ich gleich zu einem weißen Kleid samt goldenen Absätzen, die mich sehr strecken. Ich trete ein, und alles klatscht. Eine sehr nette Begrüßung! Ich sinniere noch darüber, wie großartig ich heute Abend wohl aussehen muss, als mein Kollege Lu Yan im Jogginganzug eintritt und denselben Applaus erhält. Nun gut, ich klatsche mit. Wir beginnen das Essen mit Auberginen auf heißem Stein in einer Schweinefleisch-Chili-Soße. Plötzlich spüre ich Nässe auf meinem Oberschenkel. Vom Tisch tropft rotes Chili-Öl en masse auf mein weißes Leinenkleid. So einen Fehler begeht man sicher nur einmal. Wer jetzt denkt, ich hätte bei meinem Versuch, mit meinen Stäbchen zu essen, versagt, liegt falsch. Ich bin bereits stäbchensicher, und meine Kollegen sind es von Geburt an. Das Öl, das nicht auf der Tischoberfläche zu sehen ist, muss von unseren Vorgängern sein – ich frage mich, wie man Chili-Öl unter den Tisch bekommt? Aber ich bin keine Sissy, und so rege mich nicht lange darüber auf.

Dazu wäre ich auch gar nicht gekommen, denn der ganze Tisch ruft: „Kai Na, Kai Na, Kai Na!" – mein chinesischer Name. Lu Yan fordert mich zum Wetttrinken auf, und das abzulehnen hätte für meinen Kollegen einen Gesichtsverlust bedeutet, den ich ihm auf keinen Fall bescheren will. Wir trinken das Bier aus 0,3-Liter-Wassergläsern. Wang Jing stellt sich neben uns um sicherzustellen, dass unsere Gläser gleich voll sind und wir erst dann zu trinken beginnen, wenn sie es uns erlaubt. Sie zählt „Yi, Er, San!", auf drei heben wir die Gläser und das Bier verschwindet mit einem Zug, lauwarm (denn selten trinkt man Bier hier kalt). Zeitgleich stellen wir das Glas wieder ab. Alles lacht nun meinen Kollegen aus, denn nur gleich schnell wie ein Mädchen zu trinken, das ist für einen Mann eine Schande, überall. Der Tisch gratuliert mir. Lu Yan schämt sich nicht, denn gemeinsam wird beschlossen, dass ein deutsches, langnasiges Mädchen als Ausnahme gelten muss.

Ich amüsiere mich herrlich, bis die Szene durch eine Kellnerin gestört wird, die neben unserem Tisch den Restaurantmüll in die Ecke leert. Ganz selbstverständlich tut sie das, und marschiert ebenso entschlossen zum nächsten Tisch, den die Gäste gerade verlassen haben. Sie packt die Tischdecke an allen vier Ecken, schließt alle Gläser, Geschirr und Stäbchen in das Tuch ein und wirft es über ihre Schulter. Von alledem fühlen sich meine Kollegen überhaupt nicht gestört, doch Li bemerkt meine Irritation. „Ist alles in Ordnung?", fragt sie. „Ja, doch, alles in Ordnung. Ich bin nur etwas überrascht, dass die Kellnerin den Müll hier so ausleert. Weißt du", versuche ich schnell zu erklären, „bei uns zu Hause wäre das nicht erlaubt, und es gibt sogar Institutionen, die sich nur damit befassen, Restaurants auf ihre Hygiene hin zu kontrollieren, verstehst du, was ich meine?" Sie hört mir aufmerksam zu, nickt und sagt: „Ja, klar, genau das haben wir hier auch in China." Und sie nagt ihre Lammrippen weiter ab, wirft den Knochen auf den Boden und wechselt dann das Thema, als wäre zur Hygiene in diesem Restaurant nichts mehr hinzuzufügen.

五月

Mai

Ich versuche, mein Gesicht so still wie nur möglich zu halten und nicht zu lachen. Meine Haut fängt aber leicht an zu jucken, und so ertrage ich es doch nicht die ganzen 15 Minuten, gehe an Koffern und der Zugküche vorbei und wasche die Feuchtigkeitsmaske wieder ab. Wenn man 28 Stunden lang mit der Bahn fährt, dabei nicht einmal ein Schlafwagen-Ticket hat und gezwungen ist, sich als einzige Sitzmöglichkeit einen ausklappbaren Campinghocker zu besorgen, fallen einem viele Dinge ein, die man in einem Zug machen kann, um sich bei Laune zu halten. Zugegeben, die Maske war nicht meine Idee gewesen. Wir sitzen nun seit ungefähr zehn Stunden im Restaurantwaggon. Das ist entschieden angenehmer, als auf Hockern vor den Zugtoiletten zu kampieren, wie wir es die ersten beiden Stunden der Fahrt getan haben. Was wir mit Kollegen bereits vor zwei Wochen gefeiert haben, ist nun da – die Maifeiertage.

Ich erinnere mich noch daran, wie Yang diese Feiertage schon mal im Macroeconomics-Kurs in der Schweiz zur Sprache gebracht hat. „Um unsere Wirtschaft anzukurbeln, wurden bei uns Feiertage im Mai eingeführt, und das Wochenende wurde von einem auf zwei Tage verlängert." So etwas sind recht normale Maßnahmen, um den Konsum anzukurbeln. Welche Ausmaße das aber in China annehmen würde, darüber war ich mir nicht ganz im Klaren gewesen. Wenn sich ein Volk dieser Größe auf Völkerwanderung begibt, befinden sich alle öffentlichen Verkehrsmittel im Ausnahmezustand. Am Beispiel unserer Reise lässt sich das erklären. Eigentlich besaßen wir Schlafwagen-Tickets, hatten unseren Zug aber durch meine zwanzigminütige Verspätung verpasst. In drei Taxen rasten wir also zum Westbahnhof, immer wieder durch Staus aufgehalten. Und da kein Wagen sich auch nur einen Zentimeter voranbewegte, mussten wir schließlich mit dicken Rucksäcken den letzten Kilometer zum Bahnhof rennen. Als wir ankamen, war der gebuchte Zug weg. Also bemühten wir uns um den nächsten, der in ungefähr drei Stunden abfahren sollte. Der aber war ausgebucht, also gab es nur noch Stehkarten, in sozusagen unbegrenzten Mengen. Doch auch diese Fahrscheine haben wir dankend entgegengenommen. Und zum Zeitvertreib haben wir uns dann, wie ein Prozent der chinesischen Bevölkerung auch, auf Zeitungen auf den Bahnhofvorplatz gesetzt und auf einer riesigen Leinwand „Mr. Bean" verfolgt. Mr. Bean war unsere Rettung, denn CCTV 4 wäre weniger interessant gewesen.

Jeder auf dem Vorplatz scheint auf etwas zu warten. Auf heimkehrende Menschen oder auf Züge. Darauf, dass die nächste Folge von Mr. Bean losgeht, oder darauf, dass andere Menschen ihnen unbenutzte Fahrscheine zum Weiterverkauf anbieten. Sie sitzen auf dem Boden, auf Zeitungen oder auf ihren Taschen, oder sie befinden sich in der berühmten Hockstellung, die mir schon bei Antritt meiner China-Reise am Frankfurter Flughafen aufgefallen war. Wenn sie nicht rauchen, dann essen sie und nagen genüsslich an nicht identifizierbaren Lebensmitteln. So verwandelt sich der ganze Vorplatz in ein Meer von Menschen, und man könnte es fast mit einem Volksfest verwechseln, denn sie lachen herzlich gemeinsam, oder für sich allein auf Kosten Mr. Beans. Von einer Seite des Platzes auf die andere zu gelangen ist nicht ganz einfach, man stolpert über Beine, Plastiktüten (die als Gepäckstück fungieren), Kinder oder Müll. Wir setzten uns einfach mitten in die Menge – in solchen Situationen kann man nur teilnehmen, oder aber stundenlang ein Refugium suchen, das in der Nähe des Bahnhofes auch nicht wesentlich ruhiger und schöner ausfallen kann. Viele scheinen auch einfach zum Bahnhof zu kommen, um sich das Treiben anzusehen. Denn wer nicht verreist, muss ja dennoch in der Nachbarschaft mitreden können. Tratschen ist eine elementare Beschäftigung, nicht nur in Deutschland. In der ersten Mai- wie auch in der ersten Oktoberwoche spricht man über nichts anderes als darüber, wer wohin fährt, ob ein Ticket via C-Trip, eelong.com oder über eine Agentur am preiswertesten ist, welche Sehenswürdigkeiten man in Sichuan keinesfalls auslassen darf oder wie viel eine Regenjacke oder Wanderschuhe auf dem Ya-Show-Markt kosten. Andere wenige, die sich für echte und ausgefuchste China-Kenner halten, raten jedem vom Reisen zu dieser Zeit ab. „Bist du denn verrückt? Bleib doch am besten wie ich in Peking, den Stress tu ich mir nicht an. Dann mal viel Spaß ...“

Von der Maske befreit und zurück an meinem Platz sehe ich Eelco sein wie ich schätze: zwölftes Foto der Wanduhr im Restaurant machen. Er hat sich zum Ziel gesetzt, insgesamt 28 Bilder der Uhr zu schießen, eins pro Stunde. Die Dame hinter uns, die ihre Maske noch immer trägt, stößt ihre Freundinnen an, als ich zurückkehre, und tuschelt ihnen etwas zu. Sie springen auf und sofort habe ich drei Hände in meinem gerade noch maskierten Gesicht. „Bu cuo, bu cuo!“, rufen sie, was ein Lob auf meine Haut bedeutet. Nun holt eine der Freundinnen eine Plastikdose mit sauer eingelegten Eiern aus ihrer Kunststofftüte. Die

Eier, die von der Einlagerung bereits ganz schwarz gefärbt sind, schwimmen in einer Essig-Soße und bilden farblich einen schönen Kontrast zu der hellrosafarbenen Plastik-tischdecke. Eelco, mutig und experimentierfreudig wie er ist, nimmt eines mit bloßen Fingern heraus, wirft mir einen provozierenden Blick zu (denn er weiß, wie angeekelt ich jetzt gerade bin) und schluckt das Ei im Ganzen hinun-ter. „Hen hao chi!", ruft er dankend der Dame entgegen. Dadurch ermutigt zieht sie eine weitere Dose hervor. Ich spüre kalten Schweiß auf meiner Stirn und bemühe mich, so normal wie möglich auszusehen, damit keiner meiner Freunde auf die Idee kommt, mir weitere chinesische Deli-katessen aufzudrängen. Die Dame öffnet das Gefäß, und erleichtert stelle ich fest, dass es sich nun nur um Obstsalat handelt – ein Gemisch aus Wassermelone und Cherry-tomaten, die man in China als Obst verkauft. Alle drehen sich zu mir um. Um mein Gesicht zu wahren (denn so chinesisch bin ich schon geworden), schaufle ich einen großen Löffel Tomaten-Melonen-Salat in meinen Mund. Die Frau freut sich ganz aufrichtig, und allein deshalb be-reue ich es nicht, den Salat probiert zu haben.

Auch sie und ihre Freunde reisen nach Yangshuo. Ihr Name ist Lily, zumindest ihr englischer Name. „Woher kom-men Sie? Sind Sie Amerikanerin?" – Gespannt blicken ihre Freundinnen zu uns herüber. „Nein, wir sind aus verschie-denen Ländern. Er kommt aus Holland (ich zeige auf Eelco, der gerade eine weitere Runde Bierflaschen öffnet und seinen Lockenkopf zu Elektromusik wippt), sie aus Brasilien (Lara, die mit ihrer Cybershot-Kamera am liebs-ten Fotos von sich selbst macht), und die beiden und ich kommen aus Deutschland." (JP steckt sich gerade Stäbchen in die Nase, Elli lässt eine ordentliche Portion Chili-Cup-noodles auf ihren Schoß fallen und schreit laut: „Shit!") –

„Ah, Deutschland! Me ke le, Me ke le! Und Ba la ke, Ba la ke – das sind auch Deutsche!" Etwas sprachlos drehe ich mich zu Elli um. „Hast du das verstanden? Wen meint sie?" Als sie anschließend Me ke le mit Wen Jia Bao in einem Satz nennt, wird uns klar, dass sie von Merkel spricht. Und Ba la ke, so finden die Jungs später heraus, ist der Fußballer Michael Ballack. Ihre nächste Frage jedoch irritiert mich etwas, denn sie möchte wissen, ob unsere Muttersprache Französisch sei. Wir bewahren Haltung, unterdrücken unser Lachen. Ich erkläre ruhig, dass diese Sprache einem anderen, viel unwichtigeren Land zugehörig ist, das nicht so gute Fußballspieler hat wie wir (mein Bruder wäre jetzt sehr stolz auf mich). Von Europa hat sie aber schon mal gehört, und zu weiteren Erläuterungen lasse ich mich nicht hinreißen. Bei meiner Ankunft in China habe ich auch nicht gewusst, dass Guangzhou und Kanton ein und dieselbe Stadt ist, dass Xinjiang eine Provinz Chinas ist und dass es eine Frucht gibt, die Drachenfrucht heißt. Und ihr Interesse und ihre Fragen wie auch das großzügige Essens- beziehungsweise Beauty-Angebot kann man Lily nur zugutehalten. Bisher ist mir eine solche Freundlichkeit gegenüber erkennbaren Ausländern in einem deutschen Zug nicht aufgefallen. Ob ich das wohl zu Hause mal übernehmen werde? Ich vermute, dass man sich sofort wieder an die uns eigene, eher reservierte Verhaltensweise gewöhnt, sobald man wieder in Deutschland lebt.

Lily und ihre Freundinnen sind auf einem Firmenausflug, wie sie uns erklärt. „Wir sind alles Kollegen", erläutert sie und deutet dabei auf das ganze restliche Abteil. „Alle?", ich wundere mich sehr. Welche Firma nimmt denn eine 28-stündige Zugfahrt auf sich, um gemeinsam in Urlaub zu fahren? Und das auch noch ohne Schlafabteile? „Ja, alle.

Wir machen einmal im Jahr einen Ausflug zusammen." –
„Um sich besser kennenzulernen?" Lily lacht und erklärt
ihren Freundinnen, die mich nicht richtig verstanden haben, was ich gefragt habe. „Natürlich nicht. Wir wohnen
doch auch alle zusammen, und das schon lange. Da kennen
wir uns bereits ganz gut." Fast ohne Atempause spricht sie
weiter. „Sind Sie verheiratet?" Über diesen Themenwech-
sel bin ich etwas überrascht. „Nein, ich bin nicht verheiratet." Als hätte ich Lily eröffnet, dass ich noch nie in meinem Leben Karaoke gesungen hätte, verzieht sie ihr Gesicht zu einem entsetzten und mitleidvollen Blick. „Warum
denn nicht?" Kurz kommt mir in den Sinn, ihr die Liste
meiner ehemaligen männlichen Bekanntschaften zu nennen und zu erklären, warum ich nicht nach Las Vegas
ziehen wollte, um meine Beziehung zu retten, oder auch
nicht zum Islam übertreten wollte, um dann mit 22 verheiratet zu sein. Ich entschließe mich dagegen. „Ich hab eben
keinen Freund und weiß gerade nicht, wen ich heiraten
sollte." – „Keinen Freund?" Nun plappern die Damen wieder aufgeregt unter sich. „Ich wünsche Ihnen viel Glück,
und viele Kinder." – „Äh, ja. Danke", stottere ich leicht verunsichert hervor. Bevor Lily sich jetzt aber wieder ganz
ihren Freundinnen widmet, lehnt sie sich entschlossen
über die blauen Sitze, fasst meinen Messingarmreif an und
fragt: „Wie viel hat der gekostet?" – „Der war ganz billig, der
ist nicht echt." Ich habe Glück, denn diese Antwort scheint
sie zu befriedigen. Nachdem Lily mich jetzt dezent darauf
hingewiesen hat, dass ich schon lange keinen Freund mehr
habe, meine Gesichtshaut eine erfrischende Feuchtigkeitsmaske benötigt und sie mich mit Melonen-Tomaten-Salat
beglückt hat, habe ich vom kulturellen Austausch fürs
Erste genug und befasse mich lieber mit Modemagazinen.
Manchmal sind sie wirklich sehr laut und forsch, denke ich

bei mir. „When you were here before, couldn't look you in the eye ...", fängt Elli mit voller Wucht und ihrer großartigen, röhrenden Stimme zu singen an, und zumindest die Lautstärke streiche ich wieder aus meiner gedanklichen Liste der kulturellen Unterschiede heraus.

Es ist mein fünfter Monat in China, und wenn ich so aus dem Fenster blicke und die an uns vorüberziehende Landschaft betrachte, kann ich verstehen, was viele Beijinger meinen, wenn sie ab und an nach einer „Peking-Pause" verlangen. Anfänglich habe ich solche Ratschläge in den Wind geschlagen, wie auch den Tipp, bloß nicht während der Feiertage zu verreisen. Doch jetzt sehe ich Flüsse. Echte Flüsse, keine jener künstlichen Kanäle, die die Pekinger Wasserstraßen bilden. Wiesen, Ackerbau, dazwischen kleine Hütten; Stiere, die Holzpflüge hinter sich herziehen, auf deren Kufen Bauern in Strohhüten balancieren. Und Seen. Dieses Bild bietet sich einem erst mehrere Stunden, nachdem man Peking verlassen hat, denn das Land um die Hauptstadt herum ist relativ karg, von der Chinesischen Mauer und den Westbergen einmal abgesehen. Diese Szenen lassen mich an meine Heimat in der Lüneburger Heide denken, an Egestorf – da sind ja auch Felder, Tiere und Traktoren –, Bilder, die mir lange nicht mehr in den Sinn gekommen sind. Land- oder Stadtmensch? Schwer zu sagen, als was ich mich eher fühle. Die letzten Monate habe ich nicht ein einziges Mal ans Landleben gedacht. Nicht ein Mal! Und nun, da ich Bauern, Tiere und ländliches Idyll neu entdecke, schlägt mein Herz etwas schneller, am liebsten würde ich aus dem Zug aussteigen und die Luft riechen, die sicher kein so buntes, impressionistisches Bild wie die Pekinger Lüfte abgeben würde. Das ist natürlich der unschlagbare Vorteil einer Stadt – die Vielseitigkeit.

Eelco macht ein weiteres Foto von der Uhr, es sind also nun 13 Stunden vergangen. Draußen wird es dunkler, und weder Musik noch Tiernachahmungen mit Stäbchen, Kartenspiel, Gesichtsmasken, Schach, Lesen, Essen oder weitere Alkoholzufuhr werden mich noch lange wach halten. Mein Waggon scheint aber noch sehr lebendig, das macht mich neugierig. Zwei Reihen hinter mir sitzt eine bäuerlich gekleidete Dame, die ein chinesisches, traditionelles Instrument übt. Wie nett, mag manch einer denken. Nein, es ist nicht nett, nicht lieblich oder geschweige denn sonderlich musikalisch – sie übt auf der Erhu, was ein kratzendes Streichinstrument ist. Ihres kratzt zumindest sehr, und bei näherem Hinsehen stelle ich fest, dass ihr Instrument ziemlich selbstgemacht aussieht. Ihr gegenüber sitzt ein altes Pärchen, das sich gegenseitig massiert. Dazu hat der Herr sein Hemd ausgezogen, sitzt nun in seinem ausgeleierten Nachthemd da, hängt seinen Kopf vornüber, und sie bearbeitet ihn, als wäre er ein Jiaozi-Teig. Unweit davon hat sich ein junger Mann aus zwei Bambusstäben und einem Tuch eine Pritsche gebaut, die er über zwei sitzende Fahrgäste und ihre Lehnen hinweg gelegt hat. Die beiden betroffenen Fahrgäste bringen ihm größtes Verständnis entgegen. Da ich auch bald versuchen werde, meine Nachtruhe zu finden, suche ich noch mal das „Badezimmer" auf. Auch das stellt sich nicht als einfach heraus, denn vor dem „Bad" beten gerade zwei chinesische Muslime, haben ihre Teppiche ausgebreitet und knien direkt vor der Toilettentür. Während ich dort warte und anstehe, unterhält mich ein alter Mann mit seinem Vogelkäfig auf der Schulter. Er versucht, seinen Vogel zum Singen zu bringen, im Moment noch ohne Erfolg.

Von der Katzenwäsche zurückgekehrt hat Lara es sich bereits unterm Tisch bequem gemacht, und nicht weit von uns entfernt lässt sich gerade ein Chinese eine Decke in die Gepäckablage hochreichen. Auf den Gängen ist nirgendwo ein freier Platz zu sehen, und so setzte ich mich auf meinen Rucksack und lege meinen ganzen Oberkörper auf den Tisch – Bequemlichkeitsgrad 3 von 10, würde ich sagen.

Ein scharfer Geruch und heißer Dampf steigen mir in die Nase, und schon beim ersten Blinzeln entscheidet Eelco, dass ich jetzt wach genug bin, um seine Lieblingslieder anzuhören. Zu Sufjan Stevens und Barbecue-Cupnoodles wache ich langsam auf. Wir sind bald da. Von Guilin aus werden es noch weitere drei Stunden bis nach Yangshuo sein, bevor wir endlich einen tieferen Einblick in Chinas Hinterland erhalten werden.

Endlich sitzen wir auf unseren Fahrrädern, haben das Gepäck längst im Hostel verstaut und fahren mit einem Führer über holprige Wege durch Dörfer und unbewohnte Gegenden. Wer kennt nicht diese typischen China-Postkarten, auf denen kleine Kinder in die Kamera grinsen, ein steinalter Mann mit spitzem Strohhut Reis aussät (natürlich in Schwarz-Weiß-Fotografie) und ein kleiner Pavillon mit gelbem Ziegeldach den Steg zwischen zwei mit Wasser gefluteten Feldern ziert? Das alles habe ich bereits in den letzten dreißig Minuten gesehen und mich bemüht, davon selber kunstvolle Abbildungen zu machen. Nach dieser Fahrradtour könnte ich aber auch von anderen, weniger klischeebesetzten Bildern erzählen. Einen ganzen Jahreskalender könnte ich füllen allein mit Fotos, die für jeden Monat einen Billardtisch zeigen, jeweils mit anderer kreativer Nutzung. Dringend muss ich Yang fragen, was es mit Billardtischen in China auf sich hat, denn sie stehen zum Beispiel in offenen Garagen und dienen der Lagerung von

Blumentöpfen. Ein anderer steht vor einem kleinen Bauernhof, direkt hinterm Zaun an frischer Luft, und es liegt eine Menge Fahrradreifen auf ihm. Ein Dorf weiter prangt so ein Spieltisch auf der Straße und wir müssen ihm ausweichen, wobei wir auch die Jungen, die gerade Billard spielen, etwas stören. Bestimmt sechs Billardtische habe ich bereits gesehen, mit Kohle bedeckt oder in spielerischer Nutzung – jedoch fast immer draußen. In Dörfern, wo viele Kinder ohne Schuhe herumlaufen und in den Häusern manchmal die Fensterscheiben fehlen, gibt es dafür umso mehr Billardtische – ein Rätsel.

Eine zweite Fotoserie gäben sicherlich Aufschriften her, die man aus dem Chinesischen wohl mit Hilfe etwas magerer Wörterbücher ins Englische übersetzt hat. Da wäre zum Beispiel ein Warnschild, das „No striding!" mahnt. „Beware of clipping!" ist mir ebenso unverständlich wie „Cuntflower" auf der Karte eines Yangshuo-Cafés. In einem anderen Restaurant, das seine Speisekarte direkt vor dem Lokal ausstellt, haben wir im Vorbeigehen auf dem Weg zum Fahrradverleih bereits „Chicken with green people" entdeckt, das wir heute Abend einmal kosten werden. Ich kann es keinem China-Reisenden zum Vorwurf machen, wenn er achthundert Bilder in drei Tagen verknipst. Bei dem überwältigenden Angebot an malerischen Landschaften, skurrilen Szenen, sinnlosen Schildern, beeindruckenden Bauwerken und wunderschönen Menschen ist es ein Leichtes, den Finger nicht mehr vom Auslöser zu nehmen.

Yangshuo war fantastisch, und da ich nun entdeckt hatte, wie viel dieses Land auch außerhalb Pekings zu bieten hat, habe ich meine Liste um zehn weitere Reiseziele erweitert. Dass meine verbleibenden Monate ausreichen mochten, um diese abzuarbeiten, wage ich zu bezweifeln. Nicht nur

als Krankenpflegerin, sondern auch als zukünftige Reise-
beraterin bietet Yang sich an. „Xi'an solltest du wirklich
machen. Du musst die Terrakotta-Armee sehen, das ist
wirklich ein Muss!" Und so sind es jetzt bereits elf. Ich
zeige Yang meine Fotos und merke, dass sie sich sehr über
meine Objekte wundert. Je mehr ich durch die Bilder
klicke, umso mehr habe ich das Gefühl, mich für die Fotos rechtfertigen zu müssen. Natürlich habe ich tolle Land-
schaftsbilder gemacht, die auch Yang schön findet. Auf anderen Fotos aber sind Frauen, die zwei Wassereimer über
ihren Schultern schleppen, oder arme Bauern, die mittags
auf dem Feld gemeinsam essen. Ich habe Fotos gemacht
von Müllhalden inmitten wilder Natur, von Frauen, die auf
der Straße Gemüse verkaufen, von Garküchen und dreckigen Toiletten.

Würde Yang in Deutschland hauptsächlich die hässli-
chen Spitzengardinen unserer Dorfbewohner, unsere Müllhalden oder zum Beispiel Autobahnen fotografieren, also
Objekte, die ich als langweilig und unschön empfinde, wäre ich sicherlich auch etwas ärgerlich und hätte das Gefühl,
dass sie nur negative Eindrücke des Landes mitnimmt.
„Ich finde es einfach interessant, wie die Bauern auf dem
Land arbeiten. Sie machen wirklich alles selber und mit
der Hand, und genau so muss es vor nicht allzu langer Zeit
auch bei uns gemacht worden sein. Auch der Müll zum
Beispiel, in den fünfziger Jahren war Deutschland sehr
verschmutzt." Yang versteht das, und ich bin erleichtert.

Elli macht weniger heikle Bilder. Schon in Yangshuo
hatte sie kritisiert, dass ich durch die Fotos oft in die Privat-
sphäre der Menschen vor Ort eingreife oder sie peinlich
berühre. Ich möchte die Arbeit der Bauern aber festhalten,
weil ich sie für das, was sie tun, ohne die ganzen maschi-
nellen Hilfsmittel des Westens zu haben, bewundere. Viel-

leicht erfüllt es sie gar mit Stolz, wenn ein Ausländer ihre Landarbeit als so wertvoll und besonders empfindet, dass er davon viele Fotos macht. Ich bleibe lieber bei dieser Theorie. Das alte China, das China in den Hutongs und auf dem Land, empfinde ich überdies als wesentlich ästhetischer als das neue. Die Schönheit liegt also immer im Auge des Betrachters.

Wir sind wieder am Anfang meiner Bildersammlung angekommen: Lily mit Gurkenmaske, Lily, die mit ihren Freundinnen Mahjong spielt und brüllend lacht. Da fällt mir wieder ein, dass ich Yang nach diesen Firmenausflügen fragen wollte. „Das kann schon gut sein, dass mehrere Waggons von einer Firma belegt sind. Sie waren sicher mit ihrer Danwei unterwegs." – „,Gongsi' heißt doch Firma, und nicht ,Danwei'. Oder liege ich da jetzt falsch?" Mein Unterricht scheint noch nicht ganz so effektiv zu sein wie erhofft. „Ja, ja, das stimmt, aber eine Danwei ist ja auch keine Firma. Das ist sozusagen dein Arbeitgeber, aber auch deine Behörde. Die kümmern sich darum, dass du zu essen hast, haben ihre eigenen Schulen für die Kinder in der Danwei, und sie stellen dir eine Wohnung." Yang nimmt ihre Brille ab, zieht ihren Lipgloss nach und redet dabei weiter. „Wie soll ich das erklären? Es ist nicht wirklich eine Firma, eher ein Distrikt." – „Ein Stadtbezirk?" – „Nein, kleiner. Eher eine Gemeinschaft." Da glaube ich es zu verstehen. „Ist es vom Staat geführt?" – „Ja, genau. Und die kümmern sich dann eben um alles, sie organisieren sogar deinen Urlaub." Bei einer Danwei handelt es sich also um eine Art Kommune, eine Genossenschaft. Wie ich später herausfinde, ist es ein sozialistisches Wohnsystem, das in verschiedenen Formen auftritt. Eine Universität zum Beispiel ist Wohn- und Arbeitsstätte eines Studenten. Eine Fabrik ist das entsprechend für einen Arbeiter und seine gesamte Familie. „Meine Eltern haben lange für eine Danwei gearbeitet. Sie waren Lehrer an einer Ausbildungsstätte für chinesische Opernsänger. Unser Haus in Shenyang zum Beispiel, das gehört meinen Eltern, aber sie haben es durch ihren Arbeitgeber erhalten." Super System, finde ich! „Einfach so, von Anfang an?" – „Nein, man muss sich schon besonders hervortun. Jeder hat einen Schlafplatz, aber eine eigene Wohnung bekommt man erst ab einem bestimmten Management-Level, Senioritätsstatus, oder wenn man eine Frau und Kinder hat." – „Haben deine Eltern sich da kennengelernt?" – „Nein, sie kannten sich schon vorher, aber sie haben zum Beispiel auch innerhalb der Danwei geheiratet. Und nicht viel später bekamen sie dann die Wohnung." Würden wir alle in dem Ort arbeiten, in dem wir in Deutschland wohnen, dort sämtliche Ausbildung erhalten und jede Art von behördlichen Notwendigkeiten über unseren Bürgermeister Kruse abwickeln, dann wäre unser Dorf wohl auch eine Danwei. Na ja, fast. Man kann sich hier nämlich nicht aussuchen, zu welcher Danwei man gehört.

Übrigens – „Chicken with green people" schmeckt hervorragend, es handelte sich um grüne Paprika als Beilage, und zu den Billardtischen wusste Yang auch nichts zu sagen. „Sie mögen einfach den Sport", war ihre Antwort.

六月

Juni

Ich bin zu spät dran – mal wieder. Sabina steht bereits an der Wohnungstür, sportlich gekleidet und in freudiger Erwartung. Sabina ist gerade zu Besuch aus Deutschland, ich kenne sie schon sehr lange. Eine gute Freundin hier zu haben ist wie ein Stück Heimat – kaum zu überschätzen. Als Dank dafür, dass sie sich während meiner Arbeitszeit so selbständig alleine durch die fremde Stadt bewegt, habe ich für uns ein fantastisches Wochenende geplant, das gestern mit einer fröhlichen Einführung in meinen Pekinger Freundeskreis begonnen hat und heute mit Berg-Yoga weitergeht. Ich muss erwähnen, dass ich in meinem bisherigen Leben noch kein einziges „Omm" von mir gegeben hatte und Yoga wie auch Golf als eine eher langweilige Sportart empfinde. Ich bin aber bereit, mich eines Besseren belehren zu lassen, und die Umstände machen mir dies besonders leicht. Das Berg-Yoga-Zentrum liegt eine Autostunde außerhalb Pekings, es handelt sich um eine alte Tempelanlage. Das finde ich verdammt sexy. Wenn schon Yoga, dann bitte „in style".

Guru (er heißt wirklich so) holt uns in einem Vierrad-Jeep am Ritan-Park ab, und von der vorherigen Nacht noch recht geschwächt schlafen Sabina und ich die ganze Fahrt über, bis wir durch ein ständiges Stop-and-Go, das meinen Kopf schon etliche Male an die Fensterscheibe hat schlagen lassen, erwachen. Wir passieren gerade mühsam den Park der Duftberge, der im verschmutzen Peking ein begehrtes Ziel für Tagesausflügler ist. Dann biegen wir in einen kleinen Sandweg ein, der mit einer leichten Steigung zu unserem Ziel führt. Vor uns liegt eine wunderschöne Tempelanlage, deren Tore sich für uns öffnen. Es ist sehr ruhig, und Guru führt uns in den Innenhof des Gebäudes, wo bereits der Oberguru und drei weitere Schüler auf uns zu warten scheinen. Schnell merken wir, dass wir die einzigen Anfänger sind, denn unsere Kleidung entspricht nicht dem Dresscode. Sabina und ich tragen Pumas und Sporthosen, die restliche Truppe steht barfuß da und in Yoga-korrekten Leinenhosen. Sollten Sie sich also mal zu einem Yoga-Zentrum begeben – solche Kleidung ist dort gleichsam inoffizielles Erkennungsmerkmal der Profis.

Die Matten liegen schon ausgebreitet und abgezählt auf dem Boden. Der Oberguru heißt Roman und kommt aus Rumänien. Es gibt grünen Tee, und reihum muss sich jeder vorstellen. Roman beginnt: „Ich habe lange Jahre gearbeitet, ich war in der Luxushotellerie tätig, bis ich bemerkt habe, dass jeder um mich herum entweder unglücklicher Alkoholiker oder drogenabhängig war. Dann habe ich alles aufgegeben und bin der Rainbow Society beigetreten. Habt ihr schon Fragen?" Nein, denke ich, ich habe keine Fragen. Nach seiner Intro grüble ich eher darüber nach, wie ich mich am besten dafür rechtfertigen kann, noch nicht meinen Beruf aufgegeben zu haben. Zunächst kommt der langbärtige Amerikaner dran, der sich schon von seiner Kindheit an gemeinsam mit seinen Eltern mit Yoga beschäftigte. Vor meinem inneren Auge sehe ich seine Familie im Kreis um einen Weihnachtsbaum sitzen und eigens für Heiligabend ausgedachte Yoga-Figuren wie „Stern des Ostens", „Die Heiligen Drei Könige" oder „Unbefleckte Empfängnis" praktizieren. Ich bin dran. „Ich arbeite auch in der Fünfsternehotellerie, und habe noch nie vorher Yoga gemacht. Ich glaube nicht, dass alle meine Kollegen Alkoholiker sind, und bin eigentlich ganz glücklich." Sabina nickt zustimmend, und Roman hat gerade erkannt, dass ich heute sein schwierigster Schüler sein würde.

Es beginnt mit leichten Übungen, der „Kerze", der „Muschel" oder dem „Kamel". Bei dem „Sonnenkrieger" angekommen habe ich langsam genug, doch natürlich hat Roman noch einen schönen Höhepunkt für uns geplant, bevor wir mit einer einstündigen Reise durch den Körper fortfahren dürfen. Wir sollen unseren versteckten Emotionen freien Lauf lassen. Jeder hat solche, erklärt er, und es sei sehr wichtig, sie einmal herauszuschreien. Nichts Böses ahnend folgen wir seinen Instruktionen. Wir knien nieder und setzen uns auf unsere Oberschenkel. Dann platzieren wir unsere Hände vor den Knien, strecken unseren Körper nach vorn, das Gewicht auf unsere Arme gestützt. Den Kopf heben wir jetzt an, wodurch wir uns alle gegenseitig anblicken – und das ist der grundsätzliche Fehler bei dieser Übung. Denn ich spüre, wie Sabina und ich uns schon ein leichtes Grinsen nicht verkneifen können. Voller Ernst leitet Roman, der Yogi, weitere Schritte ein. „Konzentriert eure Augen jetzt auf eure Mitte, die zwischen den Augenbrauen liegt." Alle fangen folgerichtig an zu schielen, und obwohl ich jetzt gerne ein Foto von Sabina machen würde, möchte ich den Emotionsfluss der Gruppe nicht stören. „Lasst euch jetzt nicht irritieren", sagt Roman, „und streckt eure Zunge heraus." Noch immer protestiert niemand. „Jetzt bewegt eure Zunge schnell von links nach rechts, verliert dabei aber nicht eure Mitte aus den Augen, und schreit wie ein Löwe." Das war's. Aus reiner Neugier habe ich meine Mitte aus den Augen verloren und mich lieber im Kreis umgeschaut – ein Bild, das mich zu einem Lachkrampf bewegt, und Sabina stimmt loyal mit ein.

Der Yoga-Teil war regelrecht belebend durch die frische Luft und das Herauskehren innerer Verspannungen. Nachdem wir uns durch Atemübungen von der Löwenfigur erholt haben, fordert der Yogi uns auf, ihm in einen der Seitenräume zu folgen. Selbstgeknüpfte Teppiche in vielen Farben sind in dem ganzen Raum ausgelegt, der ansonsten recht kahl und kalt wirkt. An einem langen Tisch sitzt eine Chinesin mittleren Alters, deren Ohren durch die schweren, silbernen Kreolen viel größer wirken als ihr Kopf. Ihre Haare sind nicht glatt wie die der meisten Chinesen, ihnen fehlt auch jeder Glanz. Sie sind recht rau, in Strähnen gezwirbelt und von ungleichmäßiger Länge. Ihr Gesicht passt kaum zu ihrem groben Haar, denn ihre Oberlippe ist aufgespritzt und ihre mandelförmigen Augen sind von permanentem Make-up ummalt, was wiederum sehr hart wirkt. Roman stellt sie uns vor, sie heißt Ruby und ist für die kommende Stunde unsere Kalligrafielehrerin.

Sanfte Klänge von Harfen und Querflöten schweben im Raum und verleihen ihm eine fast spirituelle Atmosphäre. Wir setzen uns um den Tisch, bekommen einen Pinsel in die Hand, und dann erklärt Ruby uns das Kalligrafie-Set. Wir alle haben ein Buch mit leeren Reispapierseiten vor uns. Das gehöre nun uns, erklärt sie, doch darin schreiben dürften wir erst, wenn wir die Kalligrafie zuvor auf Schmierzetteln ein wenig geübt hätten. Als Schmierzettel dient eine Art Pergamentpapier, auf dem Quadrate eingezeichnet sind. In jedes Quadrat darf man nur ein Zeichen malen, und so gibt uns dieser Rahmen schon mal eine Größenvorgabe. Wir malen die Zeichen von Zetteln ab, die auf dem Tisch verteilt sind und jeweils etwa fünfzehn Charaktere im Ganzen zeigen. Ich tauche munter meinen Echthaarpinsel in die Tinte und male das erste Zeichen ab. Schwungvoll, finde ich, ziehe ich den obersten

Strich, der wie das Dach auf einem T sitzt. Dann mache ich einen Neunzig-Grad-Knick und zeichne anstelle einer geraden Linie eine Art Haken. Nun hebe ich meinen Pinsel an, um einen kleinen Punkt links unterhalb des Daches zu setzen, mein erster erfolgreicher Versuch im chinesischen Zeichnen.

Erfolgreich – das hoffte ich zumindest. Vor meinen Augen aber zerläuft das ganze Zeichen ineinander. Man erkennt weder meinen kunstvoll geschwungenen Haken noch meinen Punkt. In den folgenden zehn Versuchen stelle ich fest, dass es selbst mit weniger Wasser nicht einfach ist, auch nur die simpelsten Schriftzeichen nachzuziehen: Jeder Strich hat in seiner Länge verschiedene Breiten, oder er weitet sich nach oben und unten gleichzeitig; für ungeübte Hände ein Ding der Unmöglichkeit. Auch ein Kreis kann auf der einen Seite breiter sein als auf der anderen, und ein Punkt darf meist nicht ganz rund geraten. Auf dem Reispapier erkennt man sofort, wo man zu stark aufgedrückt oder an welchem Ende man begonnen hat, den Strich zu zeichnen, und ob man das richtige Verhältnis von Farbe und Wasser raus hat. Ich sinniere darüber, dass jeder Schüler nicht nur mindestens dreitausend Charaktere auswendig lernen muss, sondern er sie auch nach Schriftbreite und -höhe mit allen ästhetischen Anforderungen beherrschen soll – ein chinesisches Schülerleben ist da wohl kein Spaziergang.

Als Kontrastprogramm zum Yoga mit kalligrafischem Einschlag haben wir abends eine Vernissage vor uns. Eigentlich freue ich mich über Vernissagen immer sehr. Heute jedoch ist es eine recht offizielle Einladung, bei der mit Sicherheit wieder ein Großteil der Pekinger Ausländergemeinschaft zusammenkommt. Jeder, egal ob in der Wirtschaft, der Wissenschaft oder in der Politik tätig, bringt sich ja gerne mit Kunst in Verbindung. „Arty Party" nennen wir in Peking dieses Phänomen. Besonders arty party wird es, wenn eine Vernissage in Da Shan Zi stattfindet. Wenngleich dieses Kunstareal sich in der letzten Zeit auch sehr dem Kommerz zugewandt haben mag – es ist trotzdem einfach großartig.

1947 haben ostdeutsche Architekten dieses Fabrikgelände errichtet. Heute hat besonders die alte Fabrik namens 798 einen internationalen Bekanntheitsgrad erreicht, doch auch in den anderen Bauten haben sich Künstler und Händler breitgemacht. Es ist das größte Kunstzentrum Chinas, mit ungefähr fünfzig Galerien bietet es Chinas Künstlern eine wohlorganisierte Bühne, um sich selbst zu präsentieren. Viele Jahre war Da Shan Zi von Schließung bedroht, zuletzt im Jahr 2006. Doch immer wieder erreichen stille Proteste und massive PR die Rettung des Gebietes. Betrachtet man, wie verbreitet, wohlstrukturiert und institutionalisiert die Kunsteinrichtungen hier jetzt sind, kann man sich kaum vorstellen, dass es irgendwann doch noch geräumt werden muss.

Ich schalte meinen Computer aus, und Sabina und ich hetzen zum Taxi. Natürlich verstopft der Stau die Straßen, es ist kurz nach sechs. Irgendwie bin ich so gar nicht für eine Arty Party gekleidet, sondern trage nur brav einen schwarzen Anzug. Wenigstens ist Schwarz die Farbe der Kreativen, und so hoffe ich, mit knallrotem Lippenstift meinem Auftritt noch ein klein wenig Künstler-Atmo verleihen zu können. Weil Da Shan Zi etwas abgelegen liegt, muss man sich erst orientieren. Sämtliche Peking-Führer haben die Gegend aber bereits in ihr Programm aufgenommen, und so findet man die Adresse leicht heraus. Ich nähere mich der Galerie, und der Andrang ist kaum zu übersehen. Schwarze Limousinen reihen sich entlang einer tristen Mauer. Neben den üblichen Society-Ausländern Pekings sind besonders die chinesischen Trendsetter geladen, und die zu beobachten ist jedes Mal ein Fest. Die Jungs sind sorgfältig verwahrlost gekleidet: in engen Jeans, die ihre Farbe verlieren, und überlangen Strickpullovern, die bereits an den Säumen ausfransen und ihre Form verloren haben. Sie stehen in Grüppchen zusammen, rauchen, und dazwischen tummelt sich hier und da ein westlicher Kunstversteher. Der stellt dann weltbewegende Fragen zu persönlichen Kreativprozessen des Künstlers, nickt immer wieder verständnisvoll und blickt den jungen Mann hochinteressiert und voll konzentriert an. Wir greifen uns lieber ein Glas Wein, lauschen dem Programm und warten, bis wir mit den übrigen Künstlern den harten Kern bilden, um dann in wesentlich angenehmerer Atmosphäre mit ihnen über andere Themen des chinesischen Lebens zu sprechen.

Diese Ausstellung findet bei Catherine statt, einer ungefähr vierzigjährigen Chinesin, die selber keine Künstlerin ist, sondern Galeristin. Auch sie hat früher in Pekings Luxushotellerie gearbeitet. Ihr Konzept ist, dass sie zu einem bestimmten Thema jeweils chinesische und ausländische Künstler ausstellt. Das soll einen lebendigen Austausch schaffen, und ich glaube, das gelingt ihr auch. Heute ist ihr Thema „Weiblichkeit", von zwei chinesischen und zwei westlichen Künstlern gestaltet. Die eine Chinesin stellt elfenhafte Kleidungsstücke aus ganz dünnen Holzfasern her, die von getrockneten Blüten durchzogen sind und fast zu schweben scheinen. Ein Herr namens Shi Jianguo setzt sich damit anders auseinander: Er malt, und seine Werke, mit Wasserfarbe auf Raufasertapete gemalt, zeigen Frauen, die genussvoll mit nacktem Oberkörper eine Zigarette rauchen und dabei dem Betrachter keck ins Gesicht blicken. Sie haben alle moderne Haarschnitte, eine zum Beispiel trägt einen scharf geschnittenen Bob, was man auf Chinas Straßen sehr selten sieht. Die Erläuterung, die neben dem Bild angebracht ist, klingt dann auch politisch: „Es wird Zeit", heißt es da, „Propaganda für Emotionen, für Begierde, für Liebe und Sex zu betreiben, die jahrelang durch Rationalismus, Hierarchie, Ethik und Diktaturen verdrängt wurden."

Die Ausstellung war ein Erfolg, wie Catherine mir zwei Wochen später erfreut berichtet. Wir sitzen im Café Pause, einem wunderschönen Café neben ihrer Galerie, und trinken Riesling. Mein Interesse an chinesischer Kunst ist in der letzten Zeit gewachsen. Ich habe Museen besucht und nach Unterscheidungen geforscht. „Kalligrafie, Naturmalereien mit Wasserfarben und Holzschnitzereien – ich finde meistens nur Kunst aus der Kaiserzeit und jetzt die zeitgenössische Kunst. Gab es denn keine Epochen dazwischen?", frage ich Catherine. Sie zwirbelt ihr langes, dickes Haar zu einem Dutt und steckt einen Löffel hinein, um ihren Schopf zusammenzuhalten, ehe sie antwortet: „Was wir zeitgenössisch und modern nennen, begann erst Ende der Siebziger. Die Ausstellung ‚Sterne' 1979 war wegweisend und kann, glaube ich, als Anfangspunkt gesehen werden." – „Das war ja gerade mal zwei Jahre nach dem Ende der Kulturrevolution!", stelle ich überrascht fest. „Ja", nickt Catherine, „bis dahin war das eine schwere Zeit. Kunst und Kultur wurden als ‚bourgeoiser Geistesmüll' bezeichnet." Sie steckt sich eine weitere Zigarette an. „Nach der Kulturrevolution begann dann unsere Moderne, die vielfältige künstlerische Ausdrucksformen entwickelt hat", erklärt sie weiter. „Diese Kunst ist eben nicht nur politisch. Immer fragt man uns, ob der Künstler sein Werk nicht als Abrechnung mit Aufständen, Revolten oder Unterdrückung versteht. Am liebsten sähen manche hier wöchentlich die Polizei vor meiner Galerie stehen, um sie endlich zu schließen. Jeder könnte dann sagen: ‚Armes China, wusste ich's doch. Die Künstler sind die wahren Helden hier, die nach wie vor unterdrückt werden.'" Ich wende ein: „Stimmt das nicht bis zu einem gewissen Grad? Habt ihr nicht erst kürzlich wieder gegen die Schließung Da Shan Zis protestieren müssen? Und steckt dahinter nicht die auch politische Angst vor allzu großer künstlerischer Freiheit?" Sie nickt zustimmend. „Ja, schon richtig. Aber ich finde es schade, dass der ästhetische Wert, das Kunstvolle im Künstler zu oft von politischen Projektionen in den Hintergrund gedrängt wird. Wenn ich mir in Frankreich Ausstellungen ansehe, würde es den Künstler doch auch sehr ärgern, wenn ich seine Arbeit stets auf eine politisches Aussage reduzieren würde, selbst wenn er das gar nicht im Sinn hatte."

„Kunst mit politischer Aussage hat auch bei uns einen hohen Stellenwert", antworte ich. „Das Trauma der Nazi-Zeit hat viele Künstler zu oft bedrückenden, aber großartigen Werken inspiriert." Catherine stimmt zu: „Solche Kunst der inneren Auseinandersetzung haben wir auch. Aber es gibt gegenwärtig viel weniger Zensur, als bei euch viele meinen. Schau dir doch zum Beispiel mal die Ausstellungen momentan hier an. In der 798-Photogallery ist gerade eine Ausstellung, in der der nackte Künstler sich in die geleerten Körper toter Tiere legt. Das finde ich sehr provokant, und es ist nicht direkt politisch." – „Ja, eben darum wird es ja auch nicht zensiert, weil es nicht politisch provokativ ist", wende ich ein. Sie widerspricht erneut: „Nebenan ist gerade eine Exposition, die Fotografien der Kulturrevolution zeigt, und zwar Originalbilder! Das ist der blinde Fleck unserer Vergangenheit, und selbst das kann gezeigt werden." Stimmt, das hätte ich nicht erwartet. Es hat auch mich überrascht. „Und wie stehst du zu dieser neuen Popkultur rund um Mao?", frage ich: „Diese gegossenen, grellfarbigen Skulpturen, oder diese Bilder à la Warhol, die Mao als Mittelpunkt in Szene setzen?" Catherine hält sie für maßvoll politisch. „Ich glaube, das ist eine Art selbstironische Auseinandersetzung mit seiner Zeit", antwortet sie, holt ihre Thermoskanne aus ihrer Handtasche und trinkt daraus, ohne die losen Teeblätter zu verschlucken – eine Fähigkeit, die ich noch nicht erlernt hatte. „Außerdem", fügt sie hinzu, „haben wir auch noch andere Probleme als solche der Politik. Es hat sich so unheimlich viel für uns alle geändert in den letzten zwei Jahrzehnten. Die Zeit des Kommunismus, die Hungersnot und die Roten Garden waren gewiss schlimm; die intensive Umschichtung unserer Gesellschaft, die wir jetzt und heute erleben, ist für viele unserer Künstler aber eine viel wichtigere Inspiration. Die Lebensumstände der meisten haben sich vollkommen gewandelt, plötzlich trinkt jeder moderne Chinese Kaffee, und alles rennt ganz neuen, westlichen Idolen hinterher. Meine Eltern haben heute zum Beispiel viel mehr Geld als früher. Ihre Tochter betreibt heute eine Kunstgalerie. Das trifft bei meinen Eltern auf ein krasses Unverständnis. Hätte Deng Xiaoping China nicht geöffnet, wäre es mir niemals möglich gewesen, diese Galerie zu haben." Catherine zündet sich noch eine Zigarette an und sagt nachdenklich: „Und wenn wir schon über politische Systeme als Kunsthintergrund reden – in welchem System leben wir hier in China momentan? Kommunismus? Die ganzen Straßen sind mit der Werbung internationaler Firmen gepflastert! Nein, Kommunismus ist das nicht." Wir bestellen ein herrliches Tomatenconcasse auf warmem Baguette und reden über andere, nicht minder wichtige Dinge: Probleme des chinesischen Alltags.

Pekings Kunstszene: Nichts ist mehr schwarz-weiß abgrenzbar, die ganze Stadt ist ein großes, impressionistisches Bild, ein ungeordnetes Bunt. Immer noch liebe ich diese Vorstellung und hoffe darauf, dass vielleicht in der nächsten Galerie genau so ein Ölbild zum Verkauf steht. So breche ich nach einiger Zeit auf, denn heute ist die „Weiße Nacht", und alle Galerien haben die ganze Nacht hindurch geöffnet. Überall ist es voll, und nette Leute tummeln sich in den Gassen Da Shan Zis.

Die „Red T Gallery" ist die erste, in der ich vorbeischaue. Da sind große, beunruhigende Fotos von Händen zu sehen, denen ein oder mehrere Finger fehlen. In der Mitte der Handflächen liegen kleine, passbildgroße Schwarz-Weiß-Bilder von Menschen. Der nächste Künstler überschreibt seine Fotos „Consuming culture and visual restructure": dünne, große, lachende Frauen, die in knalligen und engen Miniröcken ihre Oberschenkel zur Schau stellen. Die nächste Galerie verkauft T-Shirts, denen sozialistische Symbole und Ikonen aufgedruckt sind; ein Verkaufsschlager. Die Reminiszenz an Kommunismus und Sozialismus ist bei vielen Leuten hip. Che Guevara hängt hier neben Stalin, und andere Drucke zeigen Hammer und Sichel. Ich trete gar nicht erst ein, besonders kreativ scheint mir das nicht. Der nächste Laden beherbergt eine sehr gut sortierte Kunstbuchhandlung, hinter der Kasse steht einer dieser Kunstathleten, der mit eckiger, schwarzer Kreativenbrille und einem blond gefärbten Irokesenschnitt in Hochglanzmagazinen blättert. Gegenüber liegt die „Long March"-Galerie, die auf den „Langen Marsch" anspielt. Neben dem

Eingang steht eine stählerne Statue. Sie zeigt breitschultrige Soldaten, die gemeinsam das kleine Rote Buch Maos in die Höhe halten. Ein paar Schritte weiter stehe ich vor Farbfotografien der sechziger Jahre. Sie zeigen den Platz des Himmlischen Friedens, der Zentimeter für Zentimeter mit kleinen Menschen bedeckt ist, ebenfalls in Uniform, und ebenfalls das legendäre kleine Rote Buch in den Himmel reckend: die Roten Garden der Kulturrevolution. Zum ersten Mal sehe ich Originalfotos jener Zeit. Gleich daneben beginnt eine Serie mit Marilyn-Monroe-Bildern, fotografiert von Lawrence Schiller, auf denen sie freizügig posiert. Der thematische Kontrast lässt meine Haare zu Berge stehen, und ich weiß nicht, ob man solche Gedankenlosigkeit amüsant finden soll.

Erwähnenswert ist aber noch eine Aktion des Fotografen Alexander Berg. Sie heißt „One Shot": Jeder Besucher seiner Galerie wird einmal abgelichtet, und die Fotosammlung ergibt eine Ausstellung. Die erste Serie zu dieser Idee hat er 2003 in New York produziert, Peking scheint ihm nun der zweitaufregendste Ort der Welt zu sein. Entlang der kleinen Straße, an der Alexanders Fotostudio liegt, hängen blaue Banner, die für eine „798 PR / Event Agentur" werben, sie vermietet verschiedene Fabrikhallen für Events. Was vor vielen Jahren noch Geheimtipp war, hat zwischenzeitlich viele Firmen angezogen, die entweder gleich ihre Firmen in die Lofts einkaufen und sie als Präsentationsraum verwenden. Oder sie mieten die Objekte für Seminare, Feiern oder Produkteinführungen. Das Gelände ist sogar so spannend, dass einige Fabrikhallen zu außergewöhnlichen Wohnvierteln umgebaut wurden – der Swimmingpool hängt dann unter der Decke, und es wundert nicht, dass es der Microsoft-Chef von China ist, der diese Idee am abgedrehtesten umgesetzt hat.

Die lange Nacht der Galerien ist mir wirklich sehr lang geworden, und bevor ich mich Richtung Mai Zi Dian begebe und mich für heute von Beijing verabschiede, trete ich noch einmal in Catherines XYZ-Galerie ein. Sie sitzt an ihrem weißen Tisch am Eingang und unterhält sich mit Besuchern. Längst trinkt sie nur noch grünen Tee, und als sie mich ermattet eintreten sieht, schiebt sie mir sofort einen Stuhl hin. „Und, wie war's? Was denkst du denn jetzt – Konsum oder Kunst?" – „Wahrscheinlich mehr Konsum und Kunstgewerbe als wirkliche Kunst", resümiere ich. „Ist wohl auch ganz legitim, Künstler müssen ja Geld verdienen, und die Galeristen sind Geschäftsleute, die ihnen dabei helfen sollen." Catherine lacht. „Ja, das tun wir in der Tat. Ich habe gerade ein Bild für 200 000 Renmimbi verkauft, es war eines der teuersten der Ausstellung." Ich gratuliere. „Wer ist denn der Käufer?" – „Ein Deutscher. Was ich vorhin noch sagen wollte – das Interesse an chinesischer Kunst existiert ja wirklich noch nicht lange. Immer noch befasst sich in China nur eine spezielle Gruppe damit, und das sind eben die Künstler selbst oder Leute, die direkt etwas mit dem Kunstmarkt zu tun haben", erklärt Catherine und fügt lachend hinzu: „Ein Chinese kommt nicht einfach auf die Idee und sagt: ,Schatz, ich habe von einer neuen Ausstellung gehört, lass uns doch am Sonntag mal nach Da Shan Zi fahren!' – So was fällt nur ganz wenigen ein." Immerhin, wenigstens die zigtausend Ausländer in Peking sichern die Zukunft des Kunstmarktes, und ich bin froh, Anteil daran zu haben.

七月

Juli

DREI MILLIONEN AUTOS gibt es in Peking, jeden Tag werden über tausend neue angemeldet, um sich in den staubigen, nach Abgasen riechenden Stau einzureihen. Für mich klingt das nicht sonderlich beeindruckend. Zahlen sind für mich sowieso eher Fremdkörper, die ich mit Antibiotika behandeln würde, dürfte ich sie aus unserer Welt entfernen. Viel beeindruckender finde ich im Moment meinen Taxifahrer, der sich gerade eine chinesische Komödie ansieht. Ich kenne meinen Taxifahrer nicht persönlich, und wir hocken auch nicht in seiner Sofaecke vor dem Eichholztisch und sehen fern. Er sitzt am Steuer und ich etwas angespannt auf der Rückbank. Sobald ich in sein Fahrzeug eingestiegen war und wir schon rollten, klappte er die Sonnenblende der Beifahrerseite herunter, wo sich mir ein sehr fortschrittlicher DVD-Player darbot. Nun könnte man meinen, er habe einen Film für den Fahrgast eingelegt, um ihn vom Verkehr abzulenken, damit der Fahrgast nicht durch das ständige Herumstehen in den Staus herzinfarktanfällig werde. Nein, der Fahrer möchte sich selbst vom Verkehr ablenken. Das macht mich auf meinem Rücksitz etwas nervös, lässt mich wachsam werden wie eine hungrige Hyäne und dazu bereit, dem Fahrer jeden Moment auf den Schoß zu springen, um trotz seines Knoblauchgeruches das Steuer zu übernehmen. Sobald der Verkehr sich verlangsamt oder wir wieder einmal stehen, gilt seine Aufmerksamkeit nur noch seinem selbsteingebauten

DVD-Spieler. Er lacht herzlich über den Film, trinkt dann wieder einen Schluck Tee aus seinem Marmeladenglas, das auf der Mittelkonsole steht. Er fährt erst dann weiter, wenn er durch lautes Hupen zum Anfahren aufgefordert wird.

Ich überlege, was er an seinem Film so witzig findet. Ein Mönch mit einer Glatze und einem langen geflochtenem Zopf im Nacken erklärt einem wesentlich jüngeren und besser aussehenden Mann, wie man auf einer Wasserpfeife Musik macht. Der junge Mann spricht mit einer sehr hohen Stimme, was offensichtlich lächerlich ist. Dann versucht er sich selbst an dem Instrument. Tollpatschig wie er ist, saugt er daran, anstatt zu pusten. Sein Gesicht läuft rot an, seine Wangen sind zu zwei großen wassergefüllten Ballons herangewachsen, und er macht den Anschein, sich zu verschlucken. Komödiantisch verärgert reißt der Mönch ihm das Instrument aus der Hand und demonstriert, dass man ohne das Wasser nicht einen Ton aus dieser Sichuan-Pfeife bekommt. Sichuan, das scheint das ultimative Stichwort gewesen zu sein, denn nun schlägt der Fahrer mit beiden Händen auf sein Lenkrad vor Lachen, und ich sehe, wie eine Freudenträne über seine rechte Wange läuft. Ich frage mich, ob die Pfeife mit Chili-Wasser gefüllt war. Sichuan steht ja schließlich für scharfes Essen, und so sehe ich darin den einzigen Zusammenhang mit dem hochroten Kopf des jungen Mannes.

Endlich rollen wir in Richtung des Platzes des Himmlischen Friedens, und sobald wir nur noch wenige hundert Meter vom Platz entfernt sind, beginnen sich die Polizeikontrollen am Straßenrand zu häufen. Mein Fahrer klappt seinen DVD-Spieler hoch und widmet sich endlich wieder seiner Hauptaufgabe – dem Fahren. Erleichtert atme ich auf und lehne mich entspannt zurück.

Schon oft wurde mir ans Herz gelegt, die „Urban Planning Exhibition Hall" zu besichtigen, die sich der 3000 Jahre alten Stadtgeschichte Pekings widmet. Heute setzen Jörg und ich das endlich um, nach einem herrlichen Frühstück in seiner Wohnung. In der Nähe des Trommelturms lebt er in einem modernen sechsstöckigen Wohngebäude. Der Blick von seinem Balkon ist hinreißend: rund um sein Haus die alten, meist einstöckigen Wohnviertel des alten Peking, die Hutongs. Taubenschwärme umfliegen den Trommelturm, die Sonne lässt das Grau der Hutongs fast farbenfroh erscheinen. Wendet man den Blick etwas nach links, leuchten in der Ferne die gelb glasierten Dachziegel des Lama-Tempels. Denkt man sich die hohen Gebäude weg, die leider in bald allen Gegenden Pekings das Stadtbild prägen, kann ich mir gut vorstellen, wie Peking früher einmal war. Mit dem Kohlehügel nördlich der Verbotenen Stadt als höchste Erhebung in einem Meer aus grauen Hutongs muss der Blick auf die Dächer der Stadt unendlich weit gewesen sein. Heute sieht man selten richtig weit, da entweder ein Hochhaus die Sicht versperrt – oder der ewige Smog. Und genau deswegen, um die weitere Entwicklung Pekings zu verstehen, fahren wir jetzt zu dem Museum der Stadtentwicklung.

Wir biegen vom Tianan'men ab und halten vor einem modernen Bau. Am Eingang kann man entweder eine Jahreskarte für alle Museen zum Preis von 110 RMB erwerben, also elf Euro, oder den einmaligen Eintritt in dieses Museum für dreißig RMB berappen. Wir fragen nach dem Jahresausweis, aber den gibt es gerade nicht. Obwohl Jörg sehr gut Chinesisch spricht, machen sie keine Ausnahme. Die erste Ausstellung in diesem Museum verweist auf interessante Statistiken. Es gibt – Stand: Mitte 2007 – 239 Kilometer Schnellstraße in Peking und 18 503 Busse, die auf 593 Buslinien fahren. Was sagen Ihnen diese Zahlen? Gar nichts? Mir auch nicht, denn Vergleichszahlen fehlen. Wie viele Busse fahren in Moskau oder New York? Wie lang sind die Schnellstraßen in Mexiko-Stadt? Um wie viel nimmt der Verkehr in Peking jährlich zu? Zahlen fehlen. Dafür wird die ganze Infrastruktur detailliert erklärt, von Kläranlagen über die Isolierung der neuen Gebäude bis hin zum Denkmalschutz. Ein Unterton des Stolzes ist dabei unüberhörbar: „Das haben wir alles geschafft", so schwingt es meist mit.

Viele Filme und alte Stadtkarten sind spannend, vor allem aber interessieren uns die Pläne für den Denkmalschutz. Auf Knien kriecht Jörg vor den einschlägigen Karten hin und her und stellt beglückt fest, dass seine Wohnung am Glockenturm in einem künftig geschützten Gebiet der Altstadt liegt. Somit droht ihm nicht der baldige Abriss. Die Pekinger Altstadt weist 25 geschützte Gebiete aus, die insgesamt 17 Prozent ihrer Fläche ausmachen. Ein Segen, dass einige der alten Hutong-Gegenden überhaupt Denkmalschutz genießen, doch selbst da bin ich mir nicht sicher. Etwas weiter entfernt erklärt ein runder Raum die wichtigsten Sehenswürdigkeiten der Stadt, die entlang der verschiedenen Achsen Pekings gebaut sind. Zwischen den Stadttoren, der Verbotenen Stadt, dem Glocken- und Trommelturm ist sogar ein traditionsreiches Restaurant, bekannt für seine Peking-Ente, einer musealen Erwähnung wert: ein Beispiel dafür, wie wichtig die chinesische Kultur das Essen nimmt. Wunderbare Panoramafotos, die vom Sommerpalast aus aufgenommen wurden und nun hier eine ganze Wand bedecken, erlauben einen 360-Grad-Rundumblick auf die Stadt.

Die Anzahl der Baustellen, die ebenfalls im Panorama sichtbar sind, ist gigantisch. Riesige Kräne sind zu sehen, überdimensionale, langgestreckte Stahlhälse, die entlang der Ringstraße für das neue China und seine Entwicklung stehen. Peking wurde in drei verschiedenen Phasen aufgebaut. Zum einen ist da das alte, imperialistische Peking, das mit der Verbotenen Stadt im Zentrum der Nord-Süd-Achse sein Wahrzeichen hat. Weiter, so lernen wir jetzt, besteht diese komplexe Stadt aus sino-sowjetischen massiven Prunkbauten des Kommunismus, die 1959 besonders um den Platz des Himmlischen Friedens herum gebaut worden sind. Die dritte Phase, von modernen Glas- und Stahlbauten dominiert, entsteht seit zwei Jahrzehnten und findet jetzt, kurz vor dem Beginn der Olympischen Spiele, ihren glorreichen Abschluss im CCTV- (China Central Television) Turm, der ganze Stolz des modernen Peking. Der neue Hauptsitz des chinesischen Staatsfernsehens ist momentan das meistdiskutierte Bauwerk der Welt. Wie ein einstürzender Torbogen gebaut, lädt das Gebäude eben nicht zum Eintritt ein, sondern flößt dem Betrachter eher Angst ein. Wie kleine Ameisen sehen sie aus, die Hunderte von Arbeitern, die auf dem riesigen Gerüst balancieren und unermüdlich, 24 Stunden am Tag, an Chinas Front um die Weltspitze kämpfen. Dass sie dort ankommen werden, steht für mich außer Frage. Sie haben sich in allem dem Fortschritt verschrieben. Haben vormals noch sowjetische Architekten für die Prunkbauten ausgereicht, so müssen es jetzt die besten internationalen Büros sein. Herzog & de Meuron, Norman Foster, Scheeren und Koolhaas – sie und andere, Europäer wie Amerikaner, sind am wirtschaftlichen Boom dieser Metropole ebenso beteiligt wie an ihrer Schönheits-OP.

Ist das neue Stadtbild denn eigentlich schön? Ich bin mir nicht ganz schlüssig. Jedenfalls ist es beeindruckend, und es macht Peking zu einer komplexen und vielschichtigen Stadt. Die verschiedenen architektonischen Epochen dieser Stadt stehen stellvertretend auch für die verschiedenen Überzeugungen der Menschen, die alle gleichzeitig hier leben. Man findet noch Verfechter des Kaiserreiches, die Anfang des 20. Jahrhundert geboren worden sind und die noch die letzten Jahre der Kaiserzeit miterleben konnten, wenn auch in sehr jungen Jahren. Sie erkennen ihr Peking nur noch in den wunderschönen grauen Hutongs und deren Hinterhöfen.

Der etwas jüngeren, der jetzigen „verlorenen" Generation, die unter Mao aufgewachsen ist und ihn, zum Erstaunen eines jeden Ausländers, bis heute noch verehrt, schwillt die Brust vor Stolz, wenn sie vor der Großen Halle des Volkes stehen oder Militärparaden ansehen können. Dann erinnern sie sich an die Idee des Großen China, an ihren Führer und daran, wie er ein ganzes Volk in einer Republik vereint hat. Die jungen Einzelkinder fühlen sich dem Kommunismus weniger zu Dank verpflichtet und wollen weg von den Erinnerungen an graublaue Uniformen und an kleine rote Bücher. Sie trinken Kaffee bei Starbucks, spielen in einer Rock-Band, tragen Tattoos und lesen die *Vogue*. Sie lernen Englisch und tanzen die ganze Nacht zu englischer Musik.

Ich finde das Gesamtbild Pekings beeindruckend, die Kombination ihrer Gegensätze macht die Stadt so einmalig. Die Altstadt stimmt mich immer melancholisch, ist sie doch beseelt von rührenden nachbarschaftlichen Szenen und vielen alten, oft armen Menschen. Die kommunistischen Prunkbauten erinnern andererseits daran, dass China noch immer kommunistisch ist – wie zukunftsweisend die neue Skyline auch erscheinen mag.

Bald sind wir im vierten Stock des Museums angelangt und haben jetzt schon einige Stunden hier verbracht. Wer nicht so viel Zeit hat, der sollte gleich zum vierten Stock durchmarschieren, denn dort sind Luftaufnahmen des gesamten Stadtkerns zu sehen. Sie sind unter Glasplatten auf den Boden gelegt, so dass man über die Stadt hinweggehen kann. Das Zentrum dieses etwa fünfzig Quadratmeter großen Bildes ist durch dreidimensionale Modellbauten zum Leben erweckt worden, und so können wir von der Chang'An bis hin zum nördlichen 3. Ring die Stadt betrachten. Motiviert und von dieser einmaligen Fotokulisse schwer beeindruckt, robben wir auf dem Boden hin und her, stecken die Köpfe in das Loch des Modells vom CCTV-Fernsehturm und in die Schlucht des 3. Rings und fotografieren uns dabei gegenseitig. Es dauert nicht lange, bis Sicherheitsbeamte auftauchen und uns heftig ermahnen, nicht auf dem Boden zu liegen.

Nach drei Stunden, ausgefüllt mit Abwassersystemen, Autobahnbauten und Stadtgeschichte, steht uns nun der Sinn nach frischer Luft, denn es herrscht fantastisches Sommerwetter, wenn auch mit 37 Grad sehr heiß. Da wir heute Abend noch bei Freunden, die ebenfalls in einem der denkmalgeschützten Viertel leben, zum Grillen eingeladen sind, kaufen wir uns am Kiosk etwas zu trinken, nehmen eine Rikscha und fahren gemütlich in deren Stadtviertel. Sicherlich haben wir eine knappe Stunde Fahrt vor uns, doch da Rikschafahren eine der schönsten Möglichkeiten ist, sich zu unterhalten und dabei viel von der Stadt zu sehen, ohne frustriert im Verkehr zu stecken, freuen wir uns über die lange Fahrt.

Manche Rikschas sind neu gekauft, andere sind selbstgebaut und ziemlich verrostet. Da es so viele davon gibt und die Rikschafahrer den ganzen Tag mit ihrem Gefährt zubringen, pflegen viele ihre Rikscha so, als wäre sie ihr Porsche. Was für deutsche Autofahrer der Duftbaum ist, der, farblich passend zur Karosserie, an den Rückspiegel gehängt wird (beziehungsweise bei Sportwagenfahrern die VIP-Eintritts-Armbändchen, die man ganz lässig um den Schalthebel gestapelt sammelt), ist für einen Rikschafahrer der Glücksknoten. Falls jemand sich jetzt fragt, wo der befestigt werden soll, erkläre ich ganz kurz den Aufbau einer Rikscha. Zugrunde liegt ihr ein Dreirad, bestehend aus einem Männerrad mit Stange vorne, und hinten einer kleinen Bank, die zwischen die zwei Räder gebaut ist. Nun konstruieren viele um diese Bank herum ein kleines Häuschen. Oftmals bilden rote Samtstoffe Vorhänge, die man mit goldenen Kordeln schließen kann, oder eine Plastikfolie wird zwischen Fahrer und Gast gespannt, was an die elegante Abtrennung von Fahrer und Fahrgast in einer Stretch-Limousine erinnert. Manchmal hat die Rikscha ein richtiges Holzdach, das oft auch den Fahrer überragt – und genau hier kann er seinen roten Glücksknoten befestigen. Viele Rikschafahrer haben ihr eigenes Gebiet, das sie ständig durchradeln, man kennt sie. Meinen Lieblingsfahrer kenne ich zwar nicht mit seinem wirklichen Namen, wir nennen ihn aber Disko-Rikscha. Da er meist durch Sanlitun düst, dem offiziellen Ausgehviertel der ultimativen Westler-Gegend Chaoyang, hat er sich kleine Lautsprecher an seine Rikscha gebaut. Außerdem trägt er immer eine verspiegelte Sonnenbrille, bei Tag und Nacht, und strampelt im Takt zu seiner Technomusik. Dazu blinkt dann eine bunte Lichterkette, was das Rikscha-Erlebnis des Fahrgastes, das der, aus Sanlitun kommend, natürlich meist angeheitert durchlebt, wirklich unvergesslich werden lässt.

Unser Fahrer ist sehr nett und gemütlich. Natürlich fährt er kamikazeverdächtig auf einer dreispurigen Bahn gegen den Verkehr, doch je mehr Jörg und ich uns unterhalten, umso weniger stört uns das. Unser Fahrer redet viel vor sich hin, dann lacht er wieder, dreht sich nach uns um und erzählt davon, dass er viele ausländische Kunden hat. Dann fragt er, woher wir kämen, und anschließend, ob Deutschland besser sei als China. „Das kann man schwer sagen", erkläre ich. „Deutschland ist viel kleiner. Es ist nicht so laut, und in meiner Stadt gibt es weniger Restaurants als in Peking." Das ist für einen Chinesen ein schlagendes Argument zugunsten Pekings, und der Fahrer scheint zufrieden. Besser – was ist das schon. Es kommt darauf an, was einem wichtig ist. Ich will aber nicht jedem Taxifahrer erzählen, dass wir beispielsweise meist besser ausgebildet sind, vom Staat Geld bekommen können, ohne zu arbeiten, oder dass unser Land sauberer ist. „Aber ihr seid doch alle sehr reich!", ruft der Fahrer nach einer kurzen Pause. „Wir verdienen mehr Geld, aber dafür ist alles viel teurer", kontere ich mit meiner Standardantwort auf diese Frage.

Bald öffnen die ersten Restaurants, und so stehen alle Kellner vor ihrem Lokal in Reih und Glied, sehen zu den Boden und lauschen den Predigten des Oberkellners. Militärisch sieht es aus, wie sie da ihre Arme fest an den Oberkörper pressen und ihre Füße bewusst eng nebeneinander platziert haben. Aber es zeugt davon, dass sie geschult werden, täglich, und das sieht der Kunde gerne. Zwischen den verschiedenen Restaurants stehen Männer mit Drachen in der Hand, die weit, weit über allen Dächern ruhig an der immer selben Stelle schweben. An manchen Orten bilden sie ein regelrechtes Drachenmeer, und oftmals ist es fast unmöglich ausfindig zu machen, zu welcher „Bodenstation" ein Drachenflieger gehört. Langsam dämmert es, und wir nähern uns unserem Ziel.

Die anderen Gäste sind schon eingetroffen, als wir zum ersten Aperitif ankommen. Die Gastgeber leben, ähnlich wie Jörg, in einer denkmalgeschützten Hutong-Gegend, in einem Viertel, dessen Bauten an die quadratische Architektur eines Siheyuans angelehnt, aber mehrstöckig sind. Sie wohnen ganz oben – süß verschachtelt und klein ist ihre Wohnung, und durch ihren Balkon, von dem aus man auf das Dach steigen kann, hat sie einen ganz besonderen Charme. Sie sollten das Dach für Events vermieten, finde ich. Locker passt eine Tafel für zwanzig Personen darauf, und als Dinner-Location ist es schlicht unschlagbar. Man blickt auf die grauen Dächer der Altstadt, kann die Sterne zählen und ist von einer herrlichen Stille umgeben. In einer netten Zehnerrunde verbringen wir den ganzen Abend bei Fleischspießen und Prosecco – denn den gibt es bei Paddy und Katina immer. Als ich mitten in der Nacht dann die Party verlasse und die ruhige Straße hinuntergehe, kommt sie mir wie verzaubert vor. Manche Männer schlafen in bis unter die Arme aufgerollten Unterhemden auf der Ablage ihrer Dreiräder, andere sitzen trotz der späten Stunde noch auf kleinen Holzhockern und spielen mit Freunden Schach. Ein Obstverkäufer deckt seine Ware zu und erschrickt, als Funken vom Fleischspießverkäufer gegenüber durch die Luft auf seine Obstdecke fallen. Der Föhn, mit dem der Koch der Spieße seine Glut erhitzt, summt gleichmäßig vor sich hin und lässt sein Kind, das im Restaurant auf einem Bett liegt, sicher ruhig schlafen. Schlafen, darauf freue ich mich jetzt auch ganz besonders.

Zu Hause in Mai Zi Dian angekommen, erinnere ich mich an die Post, die zu öffnen ich im Büro keine Zeit hatte. Es ist ein schöner, etwas mitgenommener Umschlag aus weichem cremefarbenem Papier. Mit Efeublättern ist der Rand des Umschlages bedruckt und sorgfältig mit der kurvigen Handschrift meiner Großmutter beschriftet. Ich erkenne ihre Schrift sofort, denn sie ist nicht nur schön und gleichmäßig, meine Großmutter ist auch die Einzige, die immer mit einem breiten Füllfederhalter und blauer Tinte schreibt, etwas Besonderes heutzutage. Am liebsten würde ich den Umschlag vor Freude aufreißen, doch da ich weiß, mit wie viel Liebe der Brief geschrieben worden ist, öffne ich ihn ganz vorsichtig. Eine mintgrüne Klappkarte findet sich darin. Auch sie ist von Efeu gerahmt, und auf der Außenseite steht: „So wie der Glanz der Sterne …" Öffnet man die Karte, findet sich auf der Innenseite die Fortsetzung: „… so blühe stets dein Glück in der Ferne". Sofort fängt mein Kinn zu zittern an, ich presse beide Lippen fest aufeinander, doch da ist es schon zu spät. Vor lauter Tränen kann ich die Karte gar nicht mehr erkennen und muss erst meine Augen trocknen, bevor ich lesen kann, wie meine Großmutter oft an mich denkt und sich fragt, wie es mir im fernen China wohl geht und besonders, was ich so mache. Für sie muss es schwer verständlich sein, wie man so jung in einem so anderen Land leben kann. Meine Eltern und Geschwister können mich wenigstens besuchen, sie aber traut sich das nicht mehr zu. Jüngere Generationen wachsen mit dem Thema China auf, aber meinen Großeltern blieb das Land fremd. Warum ich bloß immer weinen muss, wenn ich Post von meiner Familie bekomme. Ich ärgere mich über mich selbst, denn ich bin so gerne hier und habe nie Heimweh. Dennoch, der Gedanke, wie da jemand sitzt, mir eine Karte schreibt und dabei so intensiv an mich denkt, berührt mich ungemein. Ich möchte durch meine Abwesenheit niemandem Schmerz zufügen, das fände ich ganz furchtbar. Man kann eben nicht immer alles haben, denke ich, und gehe mit wunderbaren Gedanken an einen traumhaften Abend und meine liebe Familie ins Bett.

Hätte ich nicht zu wenige Kostüme fürs Büro, ich hätte ewig ausschlafen können und würde heute nicht zum Einkaufen fahren. Yang Gao kann mir aber nur heute den Stoffmarkt zeigen, und darauf möchte ich als große Verfechterin des Schneiderns nicht verzichten. Ich habe schon so viele Freunde nach diesem Stoffmarkt gefragt, und niemand kannte ihn. Er scheint wohl wirklich ein Geheimtipp zu sein.

Yang geht es nicht sonderlich gut, sie leidet unter permanenten Missverständnissen zwischen ihr und ihrem französischen Vorgesetzten. Es ist kein sprachliches Problem, beide sprechen ja sehr gut Englisch; eher ist es ein perfektes Beispiel für kulturelle Unterschiede. Er behandelt sie so, wie er jeden anderen Mitarbeiter behandelt. Mit normalem Respekt, sehr sachlich und ganz professionell. Sie aber bringt ihm nach ihrem Urlaub in Shenyang eine Flasche chinesischen Schnaps mit und ärgert sich sehr, als er ihn nach drei Wochen noch immer nicht mit nach Hause genommen hat. Oft fühlt sie sich für Fehler verantwortlich gemacht, an denen sie keine Mitschuld trägt, was ihr Chef als mangelnde Kritikfähigkeit auslegt. So hat sich bei ihr einiges an Frustration angesammelt, weshalb sie eigentlich kündigen möchte. Ich rate ihr, ihren Beruf komplett getrennt von ihrem Privatleben zu sehen und nicht ständig in ihrer Freizeit darüber nachzugrübeln. Sie nimmt ihre Arbeit so bitterernst, dass ich mit diesem Rat nicht besonders weit komme. Dann überlegt sie, ihrem Chef weitere Geschenke mitzubringen oder ihm gar einen Brief zu schreiben, wovon ich heftig abrate. Kein Vorgesetzter, zumindest keiner aus dem Westen, will persönliche Briefe von seinen Mitarbeitern erhalten. Auch keine Geschenke, kommt uns das doch wie eine unterschwellige Bestechung vor. Doch scheine ich ihr keine sonderlich guten Ratschläge zu geben, denn ich bin nun schon seit einigen Monaten ihre Berufsberatung, und eine wesentliche Besserung sehe ich nicht. So reden wir wieder darüber, welche Farbe mein Kostüm haben sollte, was für Stoffe es auf dem Markt gibt und welcher Gürtel zur Anzugjacke passt. Kleidung – bei diesen Themen gibt es zumindest Aussicht auf rasche Ergebnisse.

Beim Mu Xi Yuan angekommen, rücken diese Hoffnung allerdings in weitere Ferne. Ich kenne die großen Einkaufszentren Deutschlands, habe auch in Amerika schon viele erlebt – aber das hier schlägt alles. Mu Xi Yuan ist auch nicht etwa ein Kaufhaus, sondern viel eher eine ganze Einkaufsregion. Wohin man auch blickt – riesige Einkaufszentren. Dazwischen liegen der 3. Ring und Bushaltestellen so groß wie die Binnenalster. Endlich weiß ich, weshalb meine Kollegen so aufgeregt waren, als ich einmal nach Singapur flog. Dort könne man am besten einkaufen, sagten sie. Umso enttäuschter waren sie, als ich ohne irgendwelche Einkäufe zurück nach Peking kam. Einkaufen – das machen meine Kollegen jedes Wochenende. Xiuxi, mai dongxi. Und natürlich shui jiao und chi fan! Das heißt: ausruhen, einkaufen, schlafen und essen. Und das, das ist das chinesische Wochenende. Erst jetzt sehe ich aber, was sie meinen, wenn sie vom Einkaufen sprechen. Selbst in vier Tagen kann man Mu Xi Yuan unmöglich ganz durchforsten.

Draußen an dem Gebäude hängen riesige Modewerbungen, von denen herab meist Russinnen oder andere Ausländer lächeln. Einige Firmen werben aber auch mit Stars chinesischer Seifenopern, oder – immer gerne – mit

Jackie Chan. Eine Marke heißt Guqi, was wie die italienische Modemarke Gucci ausgesprochen wird, eine andere heißt Luis Virgin, selbstverständlich mit der Abkürzung LV. Weiter geht es mit Schriftzügen wie „duubchilla" oder „dehuload", bei denen jeweils die Hälse der Buchstaben D, H und L sehr weit nach oben hin verlängert wurden, um eine optische Reminiszenz an das dunhill-Logo zu erzeugen. Manchmal führen die Geschäfte, die sich an eine gewisse Marke anlehnen, aber komplett andere Produkte, die nichts mehr mit der nachgeahmten Firma zu tun haben.

Wir folgen dem Menschenstrom und betreten die erste Kaufstadt. Vor uns tut sich ein langer Gang nur mit Geschäften für Daunenjacken auf. Sie alle nutzen die gleichen Schaufensterpuppen, und jedes Geschäft sieht gleich aus, hat dieselbe Quadratmeterzahl und denselben Aufbau. An allen Wänden nichts als Daunenjacken, dicht an dicht, nach Farben geordnet, die nackten Schaufensterpuppen im Fenster tragen ausschließlich: Daunenjacken. Unter den Stangen stehen Kisten, aus denen die eingepackten Kleidungsstücke zum Stückpreis von 100 RMB, zehn Euro, verkauft werden. Jeder Laden führt ein anderes Modell: mit Reißverschluss im ersten, mit daunengefüllten Mützen im zweiten, mit Fellmützen im dritten, in Langform im vierten, mit kunstvoller Stickerei im fünften – und so fort. Draußen ist es vierzig Grad heiß, und mir ist nicht nach Daunenjacken. So laufen wir so schnell wir können den Gang weiter hinunter. Überall sind Gabelungen, ich kann die Info-Schilder nicht lesen und bin heilfroh, Yang bei mir zu haben. Nach den Gängen der Damenjacken und Herrensakkos kann man zu den Damenröcken abbiegen, hinter der nächsten Biegung tun sich wahre Kleiderwelten auf – in allen Stoffen, Schnitten, Farben, Größen. Noch will ich mich aber nicht entmutigen lassen, und weiter suchen wir nach dem Teil des Kaufhauses, in dem Stoffe angeboten werden.

Das Kauflabyrinth ist ein Organismus für sich. Jetzt befinden wir uns gerade in seinem Herzen. Kinder spielen vor den zwölf Aufzügen Fangen, während die Eltern, von dem Lärm und den Menschenmassen ungestört, auf einer Bank sitzen und glasierte Mini-Äpfel am Spieß knabbern. Mit der Kraft des doppelten Herzens pumpt das Kaufhaus die Menschen in seine verschiedenen Arterien – durch die Aufzüge geht es hinauf bis in den 7. Stock, über die Rolltreppen gelangt man zu einer Brücke, die in einen der vielen Seitenarme führt. Als Septum, die linke und rechte Herzkammer trennend, hängen viele riesige Firmenbanner in das Innere des Organs hinein. Eine Reklame benutzt als Hintergrund das Kolosseum Roms und als Firmenlogo ein altes, klassisches Wappen. Davor steht ein Amateur-Model, das viel zu viel Gel in den Haaren trägt – doch vielleicht ist gerade dies die italienische Note? An einem Geschäft namens Pizazzboy (Pizzaboy??) biegen wir in eine andere große Halle ab, in der nun nicht mehr ganze Kleidungsstücke verkauft werden, sondern deren Teile. Zum ersten Mal befinde ich mich auf einem Großeinkauf für Kleidungshersteller. Man findet alles: Reißverschlüsse, Knöpfe, Dekobänder, Kordeln, Spitze von der Rolle, Aufnäher für Sportkleidung, einzelne Buchstaben, mit denen man dann „Hot" auf seinem Hintern buchstabieren kann, Pailletten und Militärabzeichen, so weit das Auge reicht. Hier scheint die Große Halle des Volkes zu sein, nicht im Prunkbau am Tianan'men, denn hier ist das Volk. Eindeutig halten die Verkäuferinnen mich für eine ausländische Großeinkäuferin, also begutachte ich die Qualität der Knöpfe wie eine Expertin und befühle vorsichtig die Spitze. Yang Gao mahnt: „Kathi, das ist nur für Großabnehmer", also gehen wir weiter, die enttäuschten Verkäuferinnen merken, dass ich nur für den Hausgebrauch unterwegs bin.

Endlich sind wir am Ziel. Wir stehen vor Tausenden Rollen von Stoffen, wieder in jeder Farbe, in jeder Webart und mit jedem Muster. Daraus werden Träume gemacht, denke ich bei mir, und tauche tief beglückt in die Welt der Schneider ein. Sonst haben wir immer im Ya-Show-Markt gekauft, aber der, so scheint mir jetzt, ist etwas für absolute Anfänger, für Touristen. Dort ist es allerdings wesentlich hübscher als hier – eingebettet zwischen unserer liebsten Italiano-Bar-Aparitivo, verschiedenen Massagewelten und einem der schönsten Restaurants der Stadt, dem Alameda. Während der Chinese nämlich als einzigen Ruhepunkt während des Einkaufens McDonald's genießt, braucht der Ausländer vor dem Einkaufen auf einem der Märkte zunächst einen Milchkaffee, danach eine Fußmassage und zu guter Letzt, um den erfolgreichen Einkauf mit allen Freunden teilen zu können, eine Dinnerparty. Wir machen also aus einem Einkaufstag immer ein ganzes Ich-tu-mir-heute-mal-was-Gutes-Programm, während der Chinese eben einfach einkauft. Es freut mich aber zu sehen, dass hier unter den Chinesen viel weniger gefeilscht wird. Sie sind unter sich, der Ton ist weniger aggressiv. Ich bereue es bereits, meine China-Besucher zum Ya Show gebracht zu haben, die dann mit dem Eindruck nach Hause fuhren, dass man überall in China handeln muss und einem überall zunächst ein zu hoher Preis untergejubelt werden soll.

Nach etlichen Überlegungen habe ich Stoffe gefunden, die ich für zwei Euro pro Meter erstehe. Ein bedruckter Seidenstoff, aus dem ich ein Kleid machen möchte, kostet drei Euro. Ich habe Kopfschmerzen, vom grellen Licht, von den vielen Menschen, der heißen Luft und den vielen Eindrücken. Auch Yang Gao hat ihre Einkäufe erledigt, und ermattet suchen wir nach einem Ausgang, den wir dann nach einer guten Viertelstunde auch gefunden haben. Fast undankbar fühle ich mich, aus dem Inneren des Organismus hinausgespuckt, so müde bin ich jetzt. Yang verabschiedet sich und geht über eine Brücke, die von Straßenverkäufern eingerahmt ist, in Richtung der tausend Bushaltestellen. Ich setzte mich sofort in ein Taxi, und lasse mich – eben doch – zur nächsten Fußmassage bringen.

八月

August

DIE LETZTE WOCHE ist anstrengend gewesen – eigentlich so wie jede andere auch. Tag für Tag jagt eine Verabredung die nächste, und so bin ich auch diese Woche nicht einen Abend zu Hause in meiner Wohnung gewesen. Am Montag- und Mittwochabend hatte ich Chinesischunterricht, der zwar hin und wieder zu Erfolgserlebnissen führt, aber trotzdem mehr Arbeit als Spaß bedeutet. Am Dienstag wurden deutsche Weine im German Center verköstigt – immer eine sehr willkommene Gelegenheit, um offiziell Networking zu betreiben, in Wirklichkeit aber mit Freunden den neusten Tratsch ~~auszutauschen~~ bequatschen. Am Donnerstag lud die Schweizer Botschaft zu einem Konzert, und der Freitag – das ist eben der Freitag. Nach einem so schnell wie möglich beendeten Arbeitstag beginnt der Abend idealerweise mit lieben Freunden in einer guten Bar, ab 19 Uhr trifft man sich beim Franzosen, Italiener oder in anderen Cafés. Langsam trudelt einer nach dem anderen ein, bis man drei weitere Tische herangeschoben hat, das halbe Lokal einnimmt und jeder Aufbruchversuch immer wieder über den Haufen geworfen wird, denn irgendjemand hat gerade erst seinen Gin Tonic oder Wein bekommen.

Irgendwann ist es dann 22 Uhr, fröhlich und in mehreren kleinen Grüppchen brechen wir auf, wir wollen essen. In einem Restaurant haben wir nur für sechs Leute reserviert, sind nun aber doppelt so viele, und wieder schieben wir Tische und Stühle zusammen, bis die gut gelaunte Runde sich komplett eingefunden hat. Das Essen ist dreigängig. Gegen Mitternacht siedeln wir dann ins „Alfa" gegenüber dem „Worker-Stadium" über, denn dort ist jeden zweiten Freitag Achtziger-Party. Was zu Hause total verschrien ist, das läuft in Peking in den besten Clubs. Zumindest, wenn man nicht sonderlich gern zu Elektro oder Techno tanzen möchte, sind Alfa-Partys die meistbesuchten. Nach so einem Abend hat man mit mindestens zehn lieben Freunden gesprochen, hat sich mal hier und mal da dazugesetzt und zum Dessert vielleicht noch jemand neuen kennengelernt. Dann kann man – ohne ein schlechtes Gewissen zu haben – im Club nur noch tanzen, ohne zu reden.

Der Freitag war also ein bombastischer Abschluss einer Woche, die auch beruflich vom Thema Olympia beherrscht worden war. Seitdem ich Peking kenne, ist Olympia ein wichtiges Thema in dieser Stadt. Da wir uns jetzt aber genau im Jahr vor Beginn der Sommerspiele 2008 befinden, hatten wir in unserem Hotel verstärkt Olympia-Meetings und -Anfragen. Es gibt kaum jemanden in meinem Umfeld, der während der Spiele bereits in einer Olympia-Stadt gearbeitet hat. Für uns alle ist das Neuland und deshalb wahnsinnig spannend. Ganz anders als an anderen Austragungsorten werden die Spiele hier intensiv und in allen Bevölkerungsschichten thematisiert, denn die Welt schaut zu, wie der kleine Chinese zu laufen beginnt, und hofft insgeheim, dass er auf die Nase fällt. Diesen Eindruck vermittelt zumindest die internationale Presse. Der schnelle Fortschritt der Stadien wird kritisiert, weil es Wanderarbeiter sind, die sie aufbauen. Die Kampagnen, die die Pekinger dazu anhalten, nicht mehr zu spucken, werden als oberflächliche Propaganda belächelt, und lieber verweist man auf die – zweifellos noch vorhandenen – Menschenrechtsverletzungen, als mit einem Wort die Bemühungen des Landes im Zuge der Spiele zu loben.

Auch Mai Zi Dian, mein Wohngebiet, ist in die Olympiakampagnen miteinbezogen. Heute Morgen zum Beispiel, es ist Samstag, höre ich schon ab acht Uhr morgens verschiedene Stimmen zu meinem Fenster hochdringen. Immer wieder wird die gleiche Musik gespielt, und so kann ich ab halb neun nicht mehr schlafen. Als ich endlich aus meiner Türe trete, ist ganz Mai Zi Dian schon auf den Beinen, um den „Serving friends worldwide, contributing towards a safe Olympics – Open Day for Foreigners" zu feiern. Sinngemäß bedeutet das: „Wir dienen den Freunden weltweit und tragen zu sicheren Olympischen Spielen bei – Tag der offenen Tür für Ausländer". Ein sehr enthusiastischer Titel. Da dieser Tag der offenen Tür für Ausländer aber bereits wieder um zehn Uhr morgens vorüber sein wird, sind nicht wirklich viele von ihnen erschienen, denn die meisten liegen erst seit wenigen Stunden im Bett. Von einem riesigen Plakat, das in unserem kleinen Park aufgehängt worden ist, lächeln mich zwei salutierende Sicherheitsbeamte an. Links neben ihnen ist das „Vogelnest", Pekings neues Stadion, zu sehen, das von innen heraus strahlt. Über diesem Bild dann der Text mit dem bereits erwähnten Thema. Das ganze Plakat ist von dicken Luftballongirlanden eingerahmt, und davor stehen verschiedene Stehtische, auf denen mit Cola gefüllte Plastikgläser aufgereiht sind. Laut dudelt eine Melodie: „We are ready" – der Titelsong Chinas zu den Olympischen Spielen, der letzte Woche, genau ein Jahr vor Olympia, zum ersten Mal ausgestrahlt wurde.

„We are ready to conquer ourselves to win a glorious

success" lautet der Refrain: „Wir sind bereit, uns selbst zu übertreffen und einen glorreichen Erfolg zu erzielen." Peter Kam, ein Hongkong-Chinese, der bereits etliches an Filmmusik geschrieben hat, ist die ehrenvolle Aufgabe zuteil geworden, das Lied zu komponieren. Und ihm ist ein sehr rhythmischer Song gelungen, gesungen auf Chinesisch mit ein paar Zeilen Englisch im Refrain. Natürlich ist das Lied sehr fröhlich geraten, es macht Lust auf Tanzen und Mitsingen, um ein wenig teilzunehmen am olympischen Fieber. Und es setzt Adrenalinschübe frei und lässt Vorfreude aufkommen auf Olympia 2008. Es beginnt mit einem lang gezogenen, tiefen „Goooong" – ansonsten herrscht Stille. Das ist die Glocke des Glockenturmes, der immer zu Beginn eines neuen Jahres in Peking läutet. Er steht für viel Glück, und so verleiht dieser Ton dem Titelsong der Olympischen Spiele eine besondere Bedeutung. Mehr als hundert Sänger hat man eingeladen, den Titel aufzunehmen. Selbstverständlich wurde Wert darauf gelegt, dass Chinesen sowohl vom Festland als auch aus Taiwan und Hongkong vertreten sind, denn China weiß genau, dass Themen wie die Unabhängigkeit Taiwans genauestens beobachtet werden. Zum Beispiel singt eine der Siegerinnen des „Super Girls"-Wettbewerbs aus Taiwan mit, Elva Hsiao. Es ist eine breit gefächerte Marketingkampagne, die China für Olympia betreibt, und so werden auch schon Maskottchen angeboten. „Fuwa" heißen sie, und sie sehen aus wie Teletubbies. Übersetzt bedeutet Fuwa „Kinder des Glücks". Insgesamt gibt es davon fünf, die folgende Namen tragen: Beibei, Jingjing, Huanhuan, Yingying und Nini. Und aufgepasst: Nimmt man jeweils die halben Namen der Kinder des Glücks und reiht sie aneinander, dann liest man „Beijing huan ying ni", was wiederum „Beijing heißt dich willkommen" bedeutet. Jedes Detail wurde wohl bedacht. Lied und Maskottchen wollen gemeinsam signalisieren, dass China für die Sommerspiele bereit ist und sich auf seine Besucher freut.

„We are ready" – auch Peking ist bereit. Taxifahrer mögen wenig Englisch sprechen, die Chinesen sich manchmal auch nicht eben hygienisch verhalten, aber bisher leben wir glücklich in Peking, ohne dass uns dies weiter beeinträchtigt hätte. Wesentlich ist, dass die Stadien fertig sind (sie waren es zum Teil schon ein Jahr vor Beginn), dass die Infrastruktur stimmt und die Menschen sich für Olympia begeistern. Mit einem Budget von acht Milliarden US-Dollar trifft Peking die nötigen Vorkehrungen. Es gibt genügend Hotelzimmer, und die 198 Kilometer langen neuen S-Bahn-Linien helfen den erwarteten 500 000 Besuchern, direkt zu den Austragungsorten zu gelangen. Außerdem wird zu Olympia eine Million Autos von den Straßen geschafft, um den Fahrzeugen mit entsprechender Genehmigung auf genau eingeteilten olympischen Routen das Fahren zu ermöglichen. Auch eine neue Hochbahn, erbaut durch den Star-Architekten Norman Foster, die vom brandneuen Flughafenterminal direkt zu wichtigen Verkehrsknotenpunkten führen wird, wird es den Touristen erleichtern, sich von A nach B zu bewegen. So wird der Verkehrsfluss gut reguliert und der Smog hoffentlich durch weniger Verkehr und intensivere Nutzung von öffentlichen Verkehrsmitteln eingeschränkt. Smog, ich muss es gestehen, ist ein großes Problem – und eine wirkliche Lösung ist kaum in Sicht. 2006 verschrieb man Peking 241 „Blaue-Himmel-Tage". 2007 dürfte dieses Ziel erreicht werden, wenn auch nur knapp. Diesen blauen Himmel aber während der ganzen Spiele zu garantieren wird sicherlich eine der größten Herausforderungen, und die Natur wird sich nur ungern kontrollieren lassen.

Obwohl ich ebenfalls erst vor einigen Stunden ins Bett gegangen bin, bin ich nun durch das Mai-Zi-Dian-Straßenfest wach und auf den Beinen. Viel länger hätte ich auch nicht mehr ausschlafen können, da Yang Gao mich dieses Wochenende zu einem – wie sollte es auch anders sein – Olympia-Event eingeladen hat. Ihre Firma veranstaltet Olympische Spiele für Mitarbeiter, bei denen sie in einem Team an verschiedenen Sportwettbewerben teilnehmen soll. Und das ist ihr mehr als unangenehm, geht sie doch auch sonst nicht ins Fitness-Studio, und auch dass sie gerne läuft, kann ich nicht behaupten. Generell sind Chinesen sehr darauf bedacht, körperliche Anstrengung zu vermeiden. Nun also Olympia in der Firma. Zu diesen Betriebsspielen dürfen Yang und ihre Kollegen Freunde mitbringen, und so hat sie mich gebeten, sie zu begleiten. Also bleibe ich nicht Cola trinkend in unserem Park, sondern springe in ein Taxi, um Yang in ihrer Wohnung abzuholen. Sie lebt im weniger internationalen Süden der Stadt, was für uns Bewohner des Ausländerstadtteils Chaoyang einer Fahrt zum exotischen Kleidermarkt Mu Xi Yuan gleichkommt und eine Reise ins tiefe Beijing bedeutet. „Where you go?", fragt der Fahrer tatsächlich auf Englisch. Ich halte ihm die Adresse auf Chinesisch hin. Er versteht, sagt „Okay, okay" und gibt Gas. Neue Schilder sind in den Taxis angebracht worden, die den Fahrern angeblich neue Verhaltensregeln vorschreiben. In meinem Taxi ist das Schild leider in chinesischer Schrift abgefasst, so dass ich diese Regeln nicht lesen kann.

Da die Fahrt etwas dauern wird, beginne ich eine Unterhaltung mit dem Fahrer. Auf Chinesisch frage ich ihn, ob er Englisch lernt. „Ja, wir haben jetzt Unterricht", sagt er auf Chinesisch. Ich versuche es nun auf Englisch, denn es könnte ja sein, dass er üben möchte. Schweigend grinst er mich an. Dann winkt er mit seiner schmutzigen Hand ab und erklärt: „Wir lernen nur ‚Wohin fahren Sie?‘, ‚Möchten Sie eine Rechung?‘ und solche Dinge. Etwas anderes kann ich nicht." Ah, richtig, denke ich. Und ich erinnere mich an eine Reportage, die ich auf der Deutschen Welle gesehen habe. Dort wurde dieser Unterricht mitgefilmt: Vorne in einem großen, mit Stühlen gefüllten Raum saßen eine Engländerin und eine Chinesin an einem Lehrerpult. Jeder Stuhl im Klassenraum war besetzt, und etwa fünfzig Chinesen sprachen nach, was die Lehrerin vorsagte. „Where would you like to go?", sagte sie zum Beispiel, woraufhin ein Stimmenwirrwarr folgte, der in etwa klang wie: „Whe yu li do o." Das System der vorgedruckten Karten, die sowohl alle wichtigen Sehenswürdigkeiten Pekings als auch die Olympischen Stätten auf Chinesisch nennen, wird auch zu den Olympischen Spielen funktionieren. Daher dürfte der Englischunterricht der Taxifahrer überflüssig sein, besonders wenn man bedenkt, dass sie am Ende des Tages nur britisches Englisch verstehen werden. Australier, Südafrikaner oder Englisch sprechende Spanier kommen da nicht weit.

Ich kenne die chinesische Vokabel für „Spiele" nicht, versuche aber dennoch den Fahrer zu fragen, ob er die Olympischen Spiele besuchen wird. „Denken Sie, Sie werden sich Olympia ansehen?" – „Wir müssen doch alle arbeiten! Nein, ich werde mir bestimmt nichts ansehen." Das finde ich schade. Die Preise der Eintrittskarten wurden sehr niedrig angesetzt, gerade um allen Sportinteressierten auch den Zutritt zu ermöglichen. Natürlich sind die billigsten Karten für weniger interessante Wettkämpfe, doch immerhin gibt es welche für nur fünf RMB, also fünf Cent.

Als Yang, die wegen der bevorstehenden Wettkämpfe

recht aufgeregt ist, zu mir ins Taxi steigt, übersetzt sie mir die neuen Verhaltensregeln, die am Beifahrersitz kleben:

— Putze täglich deine Zähne!
— Dusche jeden Tag!
— Iss keinen Knoblauch!
— Spucke nicht!
— Sei freundlich zu allen Fahrgästen!
— Lächle!

Solcherart sind also die Regeln, mit denen Taxifahrer an Chinas gutem Image arbeiten sollen. Kontakt zu Chinesen? Die meisten Olympia-Besucher werden wohl nur zu Hotelangestellten und Mitarbeitern des öffentlichen Verkehrs Kontakt haben. Daher spielen diese eine besonders wichtige Rolle. „Auf Korea und Japan hatten die Olympischen Spiele einen immensen Einfluss", sagt Yang, „und so wird es bestimmt auch in China sein". – „Was erwartest du?", will ich wissen. „Na ja, ich hoffe einfach, dass es uns Chinesen mehr zusammenbringen wird, dass wir uns mehr als Ganzes fühlen und freundlicher miteinander umgehen." Als eine Chinesin, die immer sehr auf das Wohl der anderen bedacht ist, leidet Yang ab und zu unter dem harten Ton und der geringen Hilfsbereitschaft ihrer Landsleute, die die Chinesen beibehalten, solange sie sich nicht wirklich gut kennen. Ein sehr schwieriger Punkt. Spricht sie von Peking, so könnte ihre Hoffnung vielleicht in Erfüllung gehen. Spricht sie von ganz China, von Taiwan und Tibet, so klingt das eher unerreichbar. Ich frage sie nicht weiter, denn sicher hat sie jetzt, kurz vor ihrem sportlichen Auftritt, anderes im Kopf.

Auf dem großen Parkplatz ihrer Firma stehen heute keine Autos. An allen Seiten sind rote Banner angebracht, die Zeichen für 2008 kann ich entziffern, alle anderen Slogans nicht. Wieder wird Cola ausgeschenkt und sehr süße, orangefarbene Limonade. Seltsamerweise gibt es bei chinesischen Veranstaltungen kaum Wasser. Eine Dame aus der Personalabteilung, die eine sehr ernstzunehmende Sportausrüstung trägt, die sie offensichtlich für den heutigen Tag neu erworben hat, ruft durch ein Megafon, wer sich wo einzufinden hat. Yang stellt sich zu einer Gruppe von Kolleginnen, und nach langem Hin und Her, das ich amüsiert beobachte, fangen sie mit dem ersten Spiel an: Tauziehen. Nach ersten, eher schüchternen Ausrufen beginnen nun beide Teams lauthals zu schreien, und ich stimme in den Chor mit ein. Yangs Team gewinnt, als Preis bekommt jeder einen neuen Reiskocher.

In den Pausen zwischen den Wettkämpfen wird auf einer Leinwand die Countdown-Feier, die letzte Woche auf dem Tianan'men stattgefunden hat, erneut gezeigt. Ich hatte diese gigantische Zeremonie verpasst, da ich Hotelgäste betreuen musste. Umso gespannter schaue ich mir jetzt die Aufzeichnung an. Der Platz des Himmlischen Friedens ist übersät von Menschen, die in Stuhlreihen platziert sind. Den ganzen Platz hat man zu einem Theater umfunktioniert, und nur geladene Gäste, wie zum Beispiel die Nationalen Olympischen Komitees und Diplomaten, dürfen an diesem Abend teilnehmen. Die Kulisse ist so spektakulär wie immer: das Eingangstor zur Verbotenen Stadt, von dem Mao herabblickt.

Ganz nach dem Geschmack des Großen Vorsitzenden dürfte das Programm ausgefallen sein, nämlich eindrucksvoll, perfekt einstudiert und imposant. Pünktlich um 8.08 Uhr beginnt das mehrstündige Programm, und das ist kein Zufall. Denn die Acht ist die Glückszahl Chinas, weswegen die eigentlichen Spiele am 8.8.2008 eröffnet werden. Doch zurück zur Feier: Eine riesige Tanzgruppe mit mehreren hundert Tänzern läuft auf, immer im Gleichschritt, es soll ein symmetrisches Bild entstehen. Im Takt zur lauten Musik schickt eine Lasershow ihre blauen Blitze in den Himmel und verzaubert das Publikum. Zwischen den Tänzerinnen tauchen Drachentänzer auf, die sich mit ihren gelben Kostümen und roten Mähnen perfekt in die Formation der zierlichen, hellgelben Akrobatinnen einreihen. Nach diesem Tanz, der sicherlich eine halbe Stunde dauert, folgt der Auftritt der Sänger, die zum ersten Mal in der Öffentlichkeit den Song „We are ready" präsentieren. Wirklich ein schönes Bild, das die Choreografen hier erzeugt haben, ein Bild von einem begeisterten Land, das es kaum erwarten kann, die Spiele auszutragen. Viel ist kritisiert worden: dass der Sport bei der Olympiakampagne in den Hintergrund geraten sei, dass man die Spiele instrumentalisiert habe, um Chinas Entwicklung voranzutreiben. Und das ist nicht von der Hand zu weisen – auch ich erlebe Pekings rasante Umgestaltung im olympischen Zusammenhang wesentlich deutlicher als irgendeinen Fortschritt der olympischen Sportarten.

Dass ganz China sich jedoch für Olympia begeistert, ist eine Illusion. In weiten Teilen des Landes hat noch nie jemand von den Spielen gehört. Pekings Stadtbild ist an jeder Ecke von den Ringen geprägt. Sobald man aber etwa in den Westen des Landes kommt, sieht man weder die Farben Olympias noch irgendwelche Fuwas oder eine „Bitte lächeln und nicht spucken"-Kampagne. Ein internationaler Fernsehsender bewies das in einer Reportage durch die Befragung von Xinjiang-Chinesen zu den Olympischen Spielen. Niemand hatte etwas davon gehört. Um das zu ändern, schickt Peking Teams mit Bussen ins Landesinnere. Auf den zentralen Dorf- und Stadtplätzen werden Fuwas aufgeblasen, und eine Chinesin springt dazwischen mit einem Megafon herum, um die herumstehenden Bauern für ihre Sache zu begeistern. Ein anderer Kollege verteilt Prospekte, die hier wohl auch nur jeder Zweite lesen kann.

Der Film der Countdown-Zeremonie wird abgebrochen, Yang muss jetzt wettlaufen. Sie gewinnt zwar nicht, doch schneidet sie im Mittelfeld ab und fällt dadurch nicht negativ auf. Nach einer weiteren Sportart verabschiede ich mich von dieser Veranstaltung, die auch bald zu Ende geht, und verbringe den restlichen Tag mit Freunden in einem Café.

Der Himmel ist knallblau, und auch wenn die Hitze wirklich nicht zu meinem Wohlbefinden beiträgt, freue ich mich darüber. Wie an den meisten Sonntagen treffe ich auch heute morgen meine Beijinger „Familie", Nadine und Jöran, zum Frühstück. Wie so häufig komme ich als Erste beim deutschen Bäcker an, denn ich schlafe ungern lang. Das Café Konstanz, eine wichtige Institution in Beijing, wird von einem deutschen Bäcker namens Michael geführt. Wir alle verdanken ihm gutes Brot und schätzen es, dass er Jörans gelegentliche Extrawünsche („Den Michkaffee bitte gaanz heiß!") mit einem Lächeln hinnimmt. Wir bestellen zwei normale Frühstücke, ein extra Ei, einen Käseteller, zwei sehr heiße Milchkaffees und einen normalen Kaffee. Dann besprechen wir die vergangene Woche und, noch wichtiger, die letzten Nächte des Wochenendes. Am Freitagabend zum Beispiel war Jöran bei der Eröffnung eines neuen Kaufhauses mit dabei, auf dem auch Karl Lagerfeld mit zig Fotomodellen auftrat. Karl Lagerfeld ist schon eine Party wert, finde ich und ärgere mich etwas, nicht mit von der Partie gewesen zu sein. Aber natürlich stand KL nur meschugge in der Menge herum, schaute hektisch von rechts nach links durch seine schwarze Sonnenbrille und war pikiert über gewisse kumpelhafte Sprüche, die Jörans Begleitung als Annäherungsversuch von sich gab. Nadine hingegen war bei einer Restauranteröffnung – ein neuer Spanier in Peking.

Ich habe Fotos dabei. Vor ein paar Wochen hatte ich Geburtstag, und mein schönstes Geschenk habe ich von meiner Mutter bekommen: ein Fotoalbum, das die Kindheit von uns drei Geschwistern erzählt. Ich kann mir vorstellen, wie viel Arbeit ihr dieses Album bereitet hat, denn meine Familie ist in Sachen Fotos schwer unterorganisiert; die Bilder liegen in irgendwelchen Kisten und Kästen herum, und von einer kontinuierlichen Fotodokumentation unserer Familiengeschichte kann kaum die Rede sein. So hat meine Mutter Bilder der verschiedenen Jahre in langwieriger Kleinarbeit herausgesucht, vervielfältigt und penibel beschriftet – welches Jahr, welche Klassenkameraden und wie meine Kindergartenlehrerin hieß. Da ich dieses Album, seitdem es in meinem Besitz ist, noch niemandem gezeigt habe, glaube ich, es sei heute endlich einmal an der Zeit. Nadine und Jöran fallen von einem „Oh" und „Ah, wie süß" ins andere und machen Sprüche wie: „Was für eine hässliche Brille!" und: „Seid ihr echt Ostereier suchen gegangen?" Familiengeschichte mit guten Freunden zu teilen ist Seelenbalsam, weil man so die Abwesenheit von zu Hause ein wenig leichter erträgt. Ich weiß von Nadines Zeit in Italien, davon, wie sie mit 13 drogenabhängigen Freunden geholfen hat und etwas später beide Eltern bei ihrer Scheidung vor dem Anwalt vertrat. Sie hat mit uns Details aus ihrer tollen Studienzeit in London und Paris geteilt und uns als Erste angerufen, als ihr Bruder mal von zu Hause verschwunden war. Jöran leitet uns E-Mails seiner Mutter weiter, in der diese auf mehreren Seiten haarklein von den neun Hunden und drei Katzen der Familie erzählt. Er berichtet uns davon, wie er mit 15 die Telefonanlage des Elternhauses mit etwa zehn Apparaten installiert hat, und wie sehr er seine verflossene Freundin noch liebt. Es ist eine wirklich intensive Freundschaft, die wir drei uns gemeinsam aufgebaut haben, die sicher ein Leben lang hält.

Die Bäckerei füllt sich, Kinder kreischen herum, und langsam ertrage ich den Lärm nicht mehr. „Lass uns endlich aufstehen, ich hab für heute genug." Gemeinsam beschließen wir, zum Olympischen Grün zu fahren. Kein Wunder: Die letzte Woche kannte fast kein anderes Thema, und bislang habe ich das Vogelnest noch nie aus der Nähe gesehen. Obendrein hat Jöran heute seine super Kamera dabei, mit der man zehn Mal in zwei Sekunden abdrücken und dabei im Bruchteil einer Sekunde auch noch zoomen kann. Das alles auch noch manuell, und zu allem Überfluss sieht man damit wie ein professioneller Fotograf aus, was für Jörans Kamerawahl sicher kein unbedeutendes Kriterium war. Weil wir Stammgäste sind, lädt Michael uns ein, was uns ungemein freut. Wir fahren in Richtung Andingmen und von dort aus gen Norden zum Olympischen Stadion. Unsere Fibel, die Zeitschrift *That's Beijing*, haben wir bei uns und zeigen dem Chauffeur Bilder daraus, damit er auch wirklich weiß, wohin wir möchten. Entlang der Schächte, in denen eine der neuen U-Bahn-Linien verlegt wird, fahren wir im Stop-and-go-Verkehr in die Gegend, in der momentan noch nicht viel los ist, auf die in einem Jahr aber die ganze Welt blicken wird. Nach einer Brücke schreie ich laut auf (albern, ich weiß, aber wahr!), denn ich habe es zum ersten Mal zwischen den Hochhäusern hervorblitzen sehen: das Vogelnest, von Ai Weiwei entworfen und so viel diskutiert – da steht es, riesengroß, und ich muss sagen: wunderschön! Ich habe kein allzu großes Architekturverständnis und neige eher dazu, das Alte und nicht das Neue für umwerfend zu halten. Das Kolosseum finde ich gewaltiger als das Vogelnest, dafür aber ist das Vogelnest gewiss schöner als das Münchner Olympiastadion.

Als unser Taxi nur noch wenige hundert Meter von der Olympiabaustelle entfernt ist, steigen wir aus, um uns irgendwo dort einzuschleichen. Da steht ein Schild „Planning Olympic Exhibition", und wir betreten das Grundstück. Doch anstatt einer Ausstellung sehen wir nur Wohnstätten für Bauarbeiter, die hier wie an anderen Baustellen auch in Containern untergebracht sind. Wir stoßen an einen Bauzaun, an dem eine Stelle wenigstens so niedrig ist, dass wir eine herrliche Sicht auf das Stadion haben. Es sieht fast fertig aus. Zumindest die Fassade lässt keine großen Lücken mehr erkennen, bis auf die Löcher und freien Stellen, die zum künstlerischen Entwurf des Nestes gehören, und das sind sehr viele. Breite Stahlarme kreuzen sich, liegen übereinander und bilden auf diese Weise optisch ein gewaltiges Ganzes. Wenn Ballerinas tanzen, hat man den Eindruck, sie täten dies federleicht und ohne Anstrengung. Betrachte ich nun die Stahlfassade, so sieht auch sie so aus, als stünde sie da in ihrer ganz natürlichen Form, als könne sie nur so und nicht anders geschaffen worden sein. Dies darf ich keinem der tausend Arbeiter sagen, denke ich, denn sie leben hier seit Jahren, um die Stahlstäbe in die richtige, von Statikern und Architekten vorgesehene Form zu bringen. Während wir am Zaun stehen, nähert sich uns eine Dame in einem beigefarbenen Anzug. Sie könnte eine Putzfrau sein oder eine Köchin, ich weiß es nicht. In der Erwartung, nun vom Gelände geworfen zu werden, blicken wir sie schon beschwichtigend an. Doch wider Erwarten lacht sie und sagt: „Hier geht's entlang, kommt mit!" Wir folgen ihr auf die Rückseite der Container, passieren mit ihr eine Absperrung – und stehen inmitten der Baustelle. Das hätte ich nicht erwartet. Eher hatte ich einen Hochsicherheitstrakt vermutet als eine Baustelle, die sich so leicht inspizieren lässt.

Wir können es kaum fassen, und da wir nicht wissen, wie lange wir auf dem Gelände bleiben dürfen, fangen wir schnell an, Fotos zu schießen. Jöran kann nicht nur hervorragend fotografieren, sondern auch verdammt gut posieren. Das hat er neulich bei einem Fotografen gelernt, und so sehen seine Bilder wirklich toll aus. Porträtaufnahmen mit dem Stahlgestänge im Hintergrund. Wir laufen am Stadion entlang und stellen uns vor, wie hier bald der Olympische Park fertig gepflanzt sein wird. Die roten Tribünen schimmern durch die silberne Fassade, der Rest darum herum ist im Moment noch hellbrauner Sand. Überall sind Zelte aufgeschlagen, aus dunkelgrünem, schwerem Stoff. Entlang der Zelte hängen kleine rote Plastiktüten, das Hab und Gut der Wanderarbeiter, die hier leben. Eine Art Haus aus Backstein ist die Waschanlage für die Männer, und ein kleines Küchenzelt, mit Gaskochern bestückt und mit dicken Plastikplanen behangen, dient als Kochstelle.

Westlich des Stadions liegt der Schwimmwürfel, wie wir ihn in Peking nennen. Herzog & de Meuron haben ihn entworfen, er ist wie andere Bauten dieser Architekten auch von Kunststoffwaben überzogen. Nachts leuchten sie in hellem Blau, und so rückt der Würfel dem essentiellen Element des Schwimmens, dem Wasser, ganz nahe. Ich kann die Eröffnungsfeier kaum erwarten und bin stolz auf „meine" Stadt. Bestimmt lässt sich an China viel kritisieren, aber es scheint vielen schwerzufallen, auch einmal die Erfolge des Landes, für die die Chinesen hart gearbeitet haben, für sich gelten zu lassen. Zum Beispiel das Olympia-gelände: Ich finde es eindrucksvoll, ein architektonisches Juwel. Wüsste ich jetzt noch mehr über die olympischen Sportarten und ihre wichtigsten Sportler, könnte auch ich behaupten: „I am ready."

九月

September

IN MEINEM PEKING-LEBEN habe ich einen gewissen Rhythmus aufgebaut, ein bisschen Routine unter der Woche und sehr viel Routine am Wochenende. Vielleicht sollte es andersherum sein, doch wie sagt man so schön: Man soll die Feste feiern, wie sie fallen. Und das tun wir. Neben Chinesisch und Rugby, das ich seit einigen Monaten hier spiele, gehe ich noch ab und zu ins Fitness-Studio. Mindestens einmal pro Woche besuchen wir abends eine interessante Veranstaltung – und dann ist schon wieder Freitag, der Feiertag. Mein Wochenablauf zeugt mit beinahe erschreckender Konstanz von meinem Scheitern im Bestreben, ein asketisches, diszipliniertes Leben zu führen, das ausschließlich aus gewissenhaftem Arbeiten, Veranstaltungen kultureller oder beruflicher Fortbildung und Sport besteht. Also: keine Partys, kein Alkohol, keine Zigaretten. Das aber ist, wenn man als Ausländer in Peking lebt, schwer durchzuhalten, der Feste sind zu viele. Und letztlich findet man ja auch immer eine Rechtfertigung, handelt es sich bei der fröhlichen Runde im „Aperitivo" doch auch um geselliges Networking.

Um jedoch wirklich einmal ein Wochenende anders als gewohnt und obendrein noch sinnvoll zu verbringen, haben wir ein Wanderwochenende auf der Großen Mauer organisiert. Mit dabei sind unsere holländischen Freunde und Elias, der Spanier in unserem Kreis. Insgesamt sind wir zu acht, und so hat Piet einen Minibus samt Fahrer besorgt, der uns alle aufnimmt. Wer neu in Peking ist, der sammelt viele Geschichten – von Bekannten, die schon mal mit dem Fahrrad zu den Ming-Gräbern gefahren sind, von Freunden, die mit einem Jeep die Mongolei erobert und von anderen, die auf Motorrädern ganz China in seiner Breite durchquert haben. Man braucht immer etwas Anlauf, doch irgendwann, meist sobald man alle für Peking üblichen Unternehmungen hinter sich hat, ist man selber bereit für kleinere oder größere Abenteuer. So freue ich mich sehr darüber, dass wir ein ganzes Wochenende auf der Mauer verbringen wollen, mit Übernachtung in einem chinesischen Dorf namens Jian Kou. Piet, der seit vielen Jahren in Peking lebt und sehr gut Chinesisch spricht, hat die Organisation übernommen, was uns allen den Ausflug wesentlich erleichtert.

Treffpunkt ist beim Landmark-Turm, nicht weit von meiner Wohnung. Natürlich habe ich vor der Abfahrt eine tabellarische Auflistung dessen verfasst, wer was mitbringen soll – vom Toilettenpapier über Taschenlampen, Flaschenöffner und Handtuch bis hin zu Handy-Aufladekarten und Mückenspray. Das hat jeder sehr ernst genommen, auch die vierte Spalte meiner Tabelle, „snacks". Wenn jeder Drinks und Knabberzeug für acht Personen einpackt, hat man ganz schnell ein Buffet von Chips und Keksen für ein ganzes Dorf beisammen. Unser Sortiment an Getränken, das etwa zwei Drittel unseres Kofferraumes einnimmt, ist entweder ziemlich peinlich, oder aber großartig – noch kann ich mich nicht entscheiden. Und schon die Fahrt nach Jian Kou gestaltet sich sehr amüsant, jeder fühlt sich wieder wie zu Schulzeiten, bei einem Tagesausflug. Die geschätzte Abwesenheit eines Lehrers wird auch schnell durch die ebenso geschätzte Anwesenheit Piets ersetzt, der, als China-Ältester unter uns, fast hyperventilierend

Anweisungen für das weitere Programm erteilt. Während wir uns dem Teil der Mauer nähern, an dem wir unsere Wanderung beginnen werden, blicken wir gespannt aus dem Fenster, um nicht den Moment zu verpassen, in dem sich dieses mächtige Bauwerk zum ersten Mal prachtvoll und etwas mystisch (heute ist es ziemlich nebelig) auf einem der Bergkämme zeigt. Ich bin sehr überrascht, denn wir fahren – so weit außerhalb der Stadt – an vielen schönen Restaurants vorbei, an Spa-Einrichtungen und Pferdeställen für Hobbyreiter.

Die Straße ist sehr kurvenreich, und je mehr Kurven wir hinter uns lassen, umso ruhiger wird es wieder um uns herum und umso weniger Menschen sieht man. Es ist sehr grün hier, dichtes, flaches Buschwerk bedeckt jeden Hügel, und in den breiten Tälern verdrängt Ackerbau die Wiesen. Als wir an einem mit Sonnenblumen übersäten Tal vorbeifahren, sieht man sie endlich: die Mauer, wie sie sich hoch oben kilometerlang auf dem Berg entlangschlängelt. O Gott, da wollen wir hoch? Mir ist noch nicht so wirklich nach Wandern, und insgeheim hoffe ich, dass wir vielleicht doch an einem touristischen Stück Mauer landen, an dem die Besucher mit einem Lift zum Fotoschießen hinaufbefördert werden. Kurz darauf rollen wir auf einen Parkplatz. Die Reifen knirschen, als wir auf den Kieselsteinen zum Stehen kommen, und zwei kleine Hunde laufen bellend auf uns zu. Es ist das Dorf, in dem wir übernachten werden. Ich hatte es größer vermutet, bin jetzt aber positiv von den wenigen Häusern überrascht. Jeder Abenteurer setzt doch alles daran, ein noch kleineres, noch unentdeckteres und authentischeres Dorf aufzuspüren, um dann bei der Präsentation der Fotos sagen zu können: „Und da hab ich übernachtet!" Dann zieht man die Bewunderung der eher unerfahrenen Reisenden auf sich und triumphiert ganz heimlich, dass sich allein für diesen Moment die Reise schon gelohnt hat.

Mimi, so heißt die Frau, die uns jetzt begrüßt, trägt eine hellbeigefarbene Hose, die sehr schlecht sitzt. Sie sitzt so schlecht, dass sie sie fest mit einem Gürtel um ihre Hüften ziehen muss, um sie überhaupt zu halten. Ihre Oberbekleidung kann ich nicht deutlich erkennen, denn die wird von einer hellrosa Plastikschürze verdeckt. Darunter schaut ein weißes, langärmeliges T-Shirt hervor. Ein schwarzhaariger Pony rahmt ihr etwas mitgenommenes Gesicht, ein langer Zopf windet sich über ihre linke Schulter und baumelt vor ihrem Oberkörper. Am Rande des Parkplatzes sitzen drei Männer in Hockstellung und blicken uns mit großen Augen an. Sie scheinen überhaupt nichts zu tun zu haben, sitzen einfach da und starren. Zu Mimi scheinen sie auch nicht zu gehören. Wir öffnen unseren Kofferraum, um den Proviant in unserer Herberge zu lagern. Als Mimi unser Lebensmittelgepäck sieht, fragt sie noch einmal, wie lange wir denn vorhätten zu bleiben. Wir bestätigen ihr gerne, dass es nur eine Nacht sein wird, und sie lacht. Mir ist es ein wenig unangenehm – was sie sich bloß denken mag? Verlassen wir die Stadt, so bringen wir eben vieles mit, was uns hier draußen das Leben angenehm macht. So treten wir hier mit CD-Playern, Lautsprechern, Chips und nicht wenigen Flaschen Wein an, um derart bewaffnet die Idylle des chinesischen Landes zu erfahren.

Mimi hilft uns und zeigt uns den matschigen Weg, den wir ins Dorf nehmen sollen. Es sind Backsteinhäuser, zum großen Teil aber verputzt. An manchen Wänden blättert der Putz ab, oder dem Haus fehlt gleich die ganze Wand. Das Haupthaus wurde anscheinend neu renoviert, und so sind die Wände gleichmäßig gemauert und durch ein schönes, geziegeltes Dach bedeckt. Mimi deutet uns an, hier unsere Getränke einzulagern. Als wir fragen, ob wir unsere Flaschen irgendwo kühlen dürfen, schickt sie uns in die Küche zu einer Tiefkühltruhe. Ich öffne sie mit einem Ruck und mache sofort einen reflexartigen Sprung nach hinten. Da ragen mir vier Schweineklauen entgegen, und in angrenzenden Metallschüsseln liegen der Darm, die Leber und andere Innereien, die ich nicht genauer identifizieren kann. Ich habe mich schon so aufs Abendessen gefreut, doch jetzt werde ich mich doch eher auf Chips und Kekse konzentrieren. Bevor ich ihr meine schreckhafte Reaktion erklären kann, nimmt Mimi mir den Weißwein aus der Hand und positioniert ihn stabil zwischen Dünndarm und Pfote. Noch brauche ich einen Moment, bis ich mir selbst gut zurede – es ist ja nur die Glasflasche, die mit den Haxen in Berührung kommt, und nicht unser kostbarer Wein.

Selbstgebaute schiefe Treppen, von denen rechts und links Steingeröll herabfällt, führen vom Haupthaus hinunter zu den Seitenhäusern, in denen wir schlafen werden. Wir laufen vorbei an hohen, hölzernen Regalen, die bis oben hin mit getrockneten Maiskolben gefüllt sind. Welchem Zweck sie dienen, kann ich nicht erkennen, doch ich vermute, dass die Maiskörner zu einer Art Mehl gemahlen werden. Kleine Gärten werden durch Tore, die aus Ästen geflochten sind, abgeschirmt. Ich verliere fast meine Kamera bei dem Versuch, den versteckten und vielleicht ja verwunschenen Garten durch die Äste hindurch zu fotografieren. Ich strecke meine Hand über das Tor hinweg und knipse einmal in jede Richtung, um dann auf meinen Fotos nachzusehen, was sich in dem Garten befindet. In Horrorfilmen würde die Geschichte jetzt so weitergehen, dass Teile auf meinen Fotos einfach nur grau oder dass Geister oder Foltergeräte darauf zu erkennen sind und wir nicht in einem romantischen Dorf an der Großen Mauer angekommen sind, sondern in einem Ort der toten Seelen. Ein Ort, in dem vielleicht jede Nacht die Verstorbenen des Mauerbaus auferstehen und eine nächtliche Schreckensherrschaft über die ganze Gegend führen. Aber: Auf den Fotos entdecke ich alte Arbeitsgeräte, etwas verrostet. Das eine sieht aus wie eine alte Waage, jedoch ist sie so groß, wie die meisten Chinesen klein sind. Ein anderes Gerät ist aus Holz und scheint als Mahlvorrichtung zu dienen. Man könnte überhaupt dieses ganze Dorf in Deutschland als Museum präsentieren, besonders die alten Traktoren, die verrosteten Haken und Schaufeln und die handbemalten Aluminiumschüsseln. Von unseren Schlafplätzen bin ich sehr angetan. Es sind richtige Zimmer. Die Betten sind Betonpodeste, ausgelegt mit bunten Decken. Das Betonstück schließt zu beiden Seiten mit der Wand ab, und so gibt es auch keine weiteren Möbel in den Räumen. Doch allein ein Bett zu haben finde ich super. Die Wände sind feucht, eine Heizung gibt es auch nicht. Unsere vier Zimmer sind wie ein richtiger Siheyuan gebaut, also im Quadrat, und so haben wir einen eigenen Innenhof. In dessen Mitte steht ein Fischbrunnen, und rundherum befinden sich Plastikstühle mit einem Tisch. Hier wird es heute Abend sehr gemütlich werden, da bin ich mir sicher. Mehr als einen ruhigen Ort, an dem man sich ungestört mit seinen Freunden aufhalten kann, braucht man nämlich nicht.

Nachdem wir wirklich alles verstaut und das „Badezimmer" ausfindig gemacht haben, brechen wir auf, um endlich auf die Mauer zu gelangen. Schnell sind wir aus dem kleinen Dorf heraus und haben den einen Weg gefunden, der auf die Mauer führt. Ein schmaler Weg, der sich durch einen Wald windet. Es riecht gut, sehr gut. Überall duftet es nach Blumen, nach Bäumen und nach Natur. Auch nach Erde, denn die liegt hier und da brach, aufgeschwemmt vom Regen. Ich atme bei jedem Schritt tief ein, und so sehr ich auch Peking und seine Gerüche liebe, so verirren sich derart schöne Düfte der Natur doch nur sehr selten in unsere Stadt. Das hier ist also eine willkommene Abwechslung. Langsam wird es steiler, der Weg mühsamer. Das Geäst an den Seiten des Weges ist nicht geschnitten, und so schnellen uns immer wieder Äste entgegen. Voller Pfützen ist der Weg. Piet, der mit seinen langen Beinen uns allen vorauseilt, ruft von weitem, dass er den ersten Maueransatz sehen könne. Wir alle gehen einen Schritt schneller, um ihm zu folgen, was ich nach einigen Metern bereits bereue. Es stimmt, nach etwa einer Dreiviertelstunde sieht man erste Steine, die zu einem alten Teil der Mauer gehören, nun aber heruntergepurzelt sind. Man lebt gefährlich, wenn man ein unrenoviertes Mauerstück besucht – es ist nicht nur unrenoviert, sondern auch unbefestigt. Einige Minuten später sind wir an dem Punkt angelangt, wo sich der Stein gelöst hat. Es ist auch recht nebelig, und wie die Türme der Mauer so durch den Nebel schimmern, fände ich die Kulisse für einen Horrorfilm hier oben noch geeigneter als unten im Dorf.

Da stehen wir nun auf dem größten Bauwerk der Welt. 6350 Kilometer ist es lang und hat seinen Ursprung im 5. Jahrhundert vor Christus, als die ersten Schutzwälle erbaut wurden. Es ist wohl nicht nur das längste Bauwerk der Welt, sondern es weist auch die längste Bauzeit auf. Denn wie Pam jetzt aus ihrem Führer vorliest, wurden die jüngsten Teile der Mauer erst im 15. Jahrhundert nach Christus fertiggestellt. Ursprünglich diente sie dem Schutz vor verschiedenen Kriegsherren und Nomadenvölkern, doch letztendlich waren es die Mongolen, die abgehalten werden sollten. Um das weite Land gut überschauen zu können, wurden insgesamt 25 000 Waffentürme erbaut, die in regelmäßigen Abschnitten den Verlauf der Mauer unterteilen. Damals sind Soldaten und Wächter auf der Mauer geritten – wie die Pferde das bewältigt haben, ist mir schleierhaft. Oft ist die Mauer so steil und der Stein so glatt, dass ich mich frage, wie die Hufe Halt gefunden haben. Und wie haben die Menschen sich hier oben versorgt? Die meisten Mauerabschnitte, die sich bis in den Westen Chinas, in die Nähe Kaschgars, ziehen, liegen noch heute in absolut einsamen Gegenden, für Touristen kaum zu erreichen. Es muss eine lange Menschenkette gewesen sein, die von Arbeiter zu Arbeiter jeden Stein mühsam an die Baustelle weitergereicht hat, bis hoch auf den Kamm der Berge. Als Mörtel verwendeten sie Klebreis.

Eine gefühlte Ewigkeit wandern wir auf den Stufen des Bauwerks entlang, setzen uns immer wieder auf die Stufen und blicken ins weite Land – zumindest so weit, bis unsere Sicht von Bäumen oder dem Nebel begrenzt wird. Viele Mauerteile sind stark von verschiedenen Pflanzen durchwachsen. Einmal versperrt uns sogar ein ganzer Baum mitten auf der Mauer, dessen Wurzeln zwischen den schweren Steinen festwachsen konnten, den Weg. Es sind sehr beeindruckende und etwas ermüdende Stunden, die wir hier oben verbringen, bis wir von einer chinesischen Gruppe gestört werden. Sie haben den Marsch auf der anderen Seite begonnen, und nun kreuzen sich unsere Wege. Durch lautes Gekicher und Geschrei kündigen sie sich schon lange vorher an. Sie genießen nicht die Stille, sie schätzen offensichtlich auch ihre eigenen Sehenswürdigkeiten nicht, denn immer wieder sehe ich, wie sie leere Plastikflaschen lässig über die Schulter werfen. Wir sammeln sie wieder ein und nehmen sie mit in unser Dorf, in dem wir einige Stunden später wieder erschöpft ankommen.

Jetzt hätten wir gerne eine Dusche, doch die existiert hier nicht. Also waschen wir uns abwechselnd, erst die Mädels, dann die Jungs. Nachdem wir uns wieder einigermaßen sauber fühlen, versuchen wir, den Weg zum Haupthaus zu finden, denn da gibt es Abendessen und ein bisschen Weißwein, der zwischen den Innereien sicher herrlich abgekühlt ist.

Mimi ist schon schwer am Arbeiten, sie ruft ihrem Mann etwas zu, so dass man meinen könnte, sie streiten. Er streckt seinen Kopf durch einen neonfarbenen Plastikvorhang, dessen Dekor aus schwarzen Punkten toter Fliegen besteht. Hunde sausen, wenig hygienisch, in der Küche herum, dazwischen das kleinste Kind unserer Gastgeber, das krabbelnd, ohne Windeln oder Hosen, durch das Gewusel tätschelt. Der Gatte streckt seinen Kopf durch den Vorhang und zählt, wie viele Leute wir sind (ebenso viele wie am Morgen?). Dann bringt er uns, ohne viel zu fragen, acht Flaschen Bier. „Das ist unser Mann!", ruft Pam. Natürlich ist unsere Stimmung ausgelassen fröhlich – wir fühlen uns weit weg von der Stadt, beinahe wie im Urlaub, und sind nun doch sehr stolz darauf, den Antrieb gehabt zu haben, diesen Ausflug auf die Beine zu stellen.

Ich bin ziemlich neugierig, was Mimi kocht, oder, um ehrlich zu sein: Ich sterbe fast vor Hunger. Vorsichtig trete ich in ihre Küche, obwohl mir der ganze Tisch davon abrät: „Du willst doch nicht sehen, wie sie das vorbereitet, was du gleich essen musst!" Und: „Verdirb dir doch nicht den Abend!" Als Erstes steigt mir ein unangenehmer Geruch in die Nase, denn direkt hinter dem Vorhang stehen zwei riesige, offene Mülltonnen. Fliegen surren herum, und einer der Hunde leckt gerade eine Flüssigkeit auf, die in den unverputzten Boden sickert. Ich gehe einen Schritt weiter und schaue um die Ecke. Da liegt der ganze Schweinekopf mitten auf einer Reihe von schweren Holztischen, an denen Mimi steht und fleißig hackt. Nach dem ersten Schrecken stelle ich fest, wie geordnet und sauber ihr ganzer Tisch arrangiert ist. Ich wage mich näher an den Ort des Geschehens heran. Bis auf den wirklich fürchterlich aussehenden abgehackten Kopf des Schweins liegen da vier schwere Holzbretter und drei Aluminiumschüsseln. Vor zwei der Brettchen häuft sich ein Berg Fleisch und in den Schüsseln jeweils verschiedenes Gemüse. Schnell macht Mimi sich mit ihrem Hackebeilchen noch über die Tomaten her, und sofort sind sie gleichförmig zerhackt. Flink schwingt sie das Messer weiter, köpft die Auberginen und zerkleinert sie trotz ihrer anderen Form in gleich große Stücke wie die Tomaten.

Wäre es eine Spielfilmszene, die sich mir gerade darbietet, die Gemüsestücke flögen durch den ganzen Raum, so schnell und kunstvoll hantiert sie mit ihrem Schneidegerät. Die Wirklichkeit ohne „special effects" ist aber beschaulicher. Das dritte Gemüse bilden Lauchzwiebeln. Die schneidet Mimi nicht einzeln, sondern im Bündel. Nicht eine tollpatschige oder überflüssige Handbewegung stört den flüssigen Ablauf. Jeder Griff sitzt perfekt, und ich bin sicher, dass sie an etwas ganz anderes als an meinen Hunger denkt, während sie da routiniert hackt. Mit den Kartoffeln ist dann die Gemüseküche durchgearbeitet, und ohne das Messer oder die Schneideform zu ändern, gräbt Mimi ihre bloßen Finger in das Fleisch. Nun runzelt sie die Stirn, und plötzlich, ohne das Fleisch fertig geschnitten zu haben, setzt sie ab. Sie dreht sich schnell um, ihr schwarzer

Zopf wirbelt auf ihre andere Schulter und wickelt sich einmal um ihren Nacken. Ganz unerwartet bückt sie sich, und ehe ich erkennen kann, was sie jetzt in ihren Händen hält, fliegen mir beinah die Funken um die immer noch etwas feucht geschwitzten Haare: In Windeseile wetzt Mimi ihr Messer an einem Stein, und ich sehe, wie der feine Stoff ihres T-Shirts das flinke Spiel ihrer harten Oberarmmuskulatur nachzeichnet. Ebenso plötzlich, wie sie mit dem Fleisch-Schneiden aufhört, dreht sie sich jetzt wieder um und macht sich wieder an die Fleischberge. Fliegen sitzen ab und zu auf dem Fleisch, vor dem Gesamteindruck dieser Küche und bei Mimis Anblick ist mir das jetzt ganz egal.

Die eine Hand noch am Messer, streckt sie die andere schon nach den Gemüseschüsseln aus, um sie zum Herd zu bringen. Der Herd hat keine Ceranfelder. Bevor ich's vergesse: Es handelt sich auch nicht um eine Einbauküche. Die Schubladen haben hier keine praktischen Griffe, geschweige denn passt ein Möbelstück zum andern. Der Herd besteht aus einer großen blauen Gasflasche. Mimi dreht an den Rädchen, und schon ertönt das laute Fauchen der Flamme. Über der Gasflasche ist ein Eisengestell angebracht, um den Wok darauf zu halten. Besonders erwähnenswert ist, wie praktisch hier die Utensilien den Herd umgeben. Da steht alles, was man braucht: eine Plastikflasche Öl, eine Plastikdose Salz und eine mit Geschmacksverstärker, eine Schüssel mit gehacktem Schnittlauch, eine kleine Schale Ingwer und eine mit Knoblauch. Kleine Porzellanfläschchen mit Essig und Sojasoße fehlen natürlich ebenso wenig wie Chilipulver.

Sobald nun alle Schalen und Brettchen neben dem Wok arrangiert sind, scheint der Schwung der Köchin noch zuzunehmen. Eine großzügige Kelle Öl in die Pfanne, dann ein Ei ins Öl geschlagen, das Mimi sofort mit einem Löffel in kleine Fäden zerrührt. Sie wirft viel Schnittlauch dazu, Kartoffeln und etwas Chili und schmeckt dann alles mit etwas Essig ab. Innerhalb von vier Minuten ist dieses Gericht vollendet. Sie schüttet es in eine Schüssel, und ihre Tochter bringt es zu uns an den Tisch. Ohne die Pfanne zu waschen, geht es weiter. Öl scheint für alles die Grundlage zu bieten. Mimi wirft die Fleischstückchen in das spritzende Öl, vermengt es mit Sojasoße, getrockneten Chilistücken, Erdnüssen und schließlich gehacktem Lauch – und ab auf den Teller. Wieder kommt ihre Tochter, um uns draußen das Gericht zu präsentieren. So fährt sie fort, mischt Auberginen mit viel Geschmacksverstärker und Schweinefleisch, Knoblauch en masse und glasigen Nudeln. Meinen Hunger habe ich ganz vergessen, denn von ihrer Art der Zubereitung bin ich fasziniert. Noch nie hat jemand vor meinen Augen so mühelos und schnell derart preiswertes und dennoch hervorragendes Essen gekocht. Ein ganz klein wenig blitzt auch in mir die Hoffnung wieder auf, eines Tages eine gute Köchin zu werden – nur ob ich so eine Gasflasche und auch die Mengen von Glutamat in Deutschland genehmigt bekommen würde, wage ich zu bezweifeln. Auch die Tatsache, dass sich in meinem Kühlschrank lediglich Kaffee, Wasser, Milch und eine Flasche Wein befinden, zeigt, dass mein Weg zur Köchin noch weit ist.

Die entfernten Lichter des Sternenhimmels breiten sich weit und klar über uns aus, ein in Peking selbst nicht möglicher Anblick. Tiefschwarz ist das All, und wenn ich zu lange hineinschaue, wird mir schwindelig. Ich klaube die verbliebenen astronomischen Kenntnisse zusammen. Der Große Wagen zumindest, der leuchtet ebenso, wie er es auch in Deutschland tut – und ich sitze doch so weit von meiner Heimat entfernt. Manchmal, wenn ich den Mond oder die Sterne sehe, denke ich an Freunde in der Ferne. Zu wissen, dass vielleicht von mir geliebte Menschen gerade denselben Mond ansehen, das ist ein schöner Gedanke. Ganz still ist es, und für Momente genießen alle diese Ruhe und hängen ihren Gedanken nach. Still ist es? Still war es! In der Ferne hören wir lautes Lachen und die fröhlichen Stimmen einer Gruppe von Chinesen, die immer näher kommt. Ich blicke in Richtung der wackeligen Treppen, über die man zu diesem Haupthaus gelangt, und sehe die Ersten um die Ecke biegen. Gefolgt von etwa 15 weiteren Jugendlichen oder Erwachsenen – so genau weiß man das bei Chinesen ja nie – trudelt der ganze Tross bei uns ein. Ihr Tisch ist der neben unserem. Neugierig schauen wir einander an.

Die Gruppe verstummt zunächst, als sie uns sieht. Es sind die Jungen, die wagemutig ab und an zu uns herüberblicken, während die Mädchen kichernd Piet anschauen, der fast zwei Meter groß ist. Auch sie trinken Bier, in einem schnelleren Tempo als wir, und es dauert nicht länger als eine halbe Stunde, da fasst sich der erste junge Mann ein Herz. Er ist vielleicht zwanzig, trägt eine dunkelblaue Sporthose, schwarze Turnschuhe, ein weißes T-Shirt. In der linken Hand hält er eine Schweineklaue, in der rechten ein Glas Bier. Jetzt haut er sich mit dem Schweinefuß auf die rechte Brust, und wieder feuert seine ganze Truppe ihn an. Dadurch ermutigt kommt er zu unserem Tisch und bleibt bei Piet stehen. Erwartungsvoll und freundlich schauen wir ihn alle an. Dann nimmt er eine Flasche von unserem Bier, leert sie in Piets Glas und drückt es ihm in die Hand. Dann sagt er in die Stille hinein: „Hello!" – eine Aufforderung zum bei Chinesen beliebten Wetttrinken. Piet erhebt sich, und das Bild der beiden nebeneinander ist komisch: Der eine steht da – krumm, aber sehr hoch, ohne Haare und mit einem Grinsen, das sein ganzes Gesicht überquert. Seine blauen Augen setzen sich kontrastreich von dem orangefarbenen Holland-Shirt ab, das für die Länge seines Oberkörpers etwas zu kurz geraten ist. Piet macht mit: Er legt seine Hand, die so groß ist wie das Gesicht des Chinesen, auf dessen Schulter. Der blickt seine Freunde an, zeigt auf Piet und spannt, noch immer mit der Schweineklaue in der Hand, seinen linken Bizeps an. Die Hälfte des Tisches ist bereits aufgestanden, um diesen Moment mit ihren hypermodernen Kamerahandys festzuhalten. Zum Abschluss der Fotoreihe fordert er Piet zum Trinken auf, der seinen Mund öffnet und das Glas geleert hat, bevor wir überhaupt unsere Kameras herausziehen konnten.

Ist das Eis erst einmal gebrochen, legen alle Chinesen sämtliche Scheu ab und werden wesentlich offener, als Deutsche es jemals wären. So kommt jetzt einer nach dem anderen an unseren Tisch, lässt sich mit den blonden Mädchen fotografieren, bittet Elias um eine Umarmung, tätschelt ganz ungeniert seinen wirklich nicht besonders großen Bauch, einige setzen sich auf unseren Schoß. Alles geschieht mit einer ganz kindlichen und naiven Freude am Beisammensein, die die Situation so löst, dass auch wir beginnen, über harmlose Witze herzlich zu lachen. Bald wird das erste Lied angestimmt, und während ein Mädchen namens Beckham (ja, Beckham – das ist ihr selbstgewählter englischer Name) herzzerreißende Liebeslieder von sich gibt, schmelzen wir alle dahin, vergessen jede Uhrzeit und liefern uns einen langen Gesangswettbewerb. Abwechselnd werden ein chinesisches und ein ausländisches Lied gesungen – im vollen Kultur-Elan singen wir auf Französisch, Deutsch, Holländisch, Spanisch und Englisch. Emotionale Highlights bieten die gemeinsamen Auftritte, bei denen sich zum Beispiel Emma bei dem Lied „Let it be" von John Lennon an unseren Tisch gesellt. Wir singen mit vollem Ernst, und jeder bemüht sich darum, das „Best of" seiner eigenen Stimme zum Klingen zu bringen. Kurz danach stimmt eines der jüngsten Mädchen „Ni wen, wo ai, ni you duo shen ..." an – ein wirklich traumhaft schönes Liebeslied, in dem ein Pärchen davon singt, dass ihre Liebe so stark ist, dass sie bis zum Mond und zurück reicht. Da ich es bei einer Feier der Sprachschule einmal lernen musste, stehe ich auf und stelle mich zu ihr. Alle Chinesen klatschen zunächst und lauschen dann unserem Lied ganz aufmerksam bis zum Schluss.

Ein Tag ist zu Ende gegangen, an dem ich die Mauer von vielen Seiten kennengelernt, eine Schweinepfote als Mikrofon benutzt und 15 Chinesen gezeigt habe, dass man keine Angst vor Langnasen haben muss. Mir haben diese Chinesen noch viel mehr beigebracht, denn so ausgelassen und unverdorben fröhlich kann man am besten mit Chinesen feiern.

十月

Oktober

WENN MEIN FAHRSTUHL, der ja bekanntermaßen sehr langsam ist, morgens gegen neun Uhr in jedem Stockwerk stehen bleibt, dann beschwichtige ich meine Ungeduld mit der Entschuldigung, dies sei die Fahrstuhl-Rushhour. Um halb sechs am Morgen jedoch scheint es nicht weniger schlimm zu sein, denn wir halten jetzt schon zum dritten Mal. Im zwölften Stock steigt eine meiner liebsten Nachbarinnen ein, gemeinsam mit ihrem Chow-Chow, der wie immer ziemlich aufdringliche Düfte von sich gibt (was in einem Gemisch aus Schweiß- und Knoblauchgeruch und einer Fahrstuhlgeschwindigkeit von einem Meter pro Minute nicht unbedingt angenehm ist, morgens um halb sechs auf nüchternen Magen erst recht nicht). Der Name der Hunderasse Chow, das darf ich kurz einwerfen, kommt übrigens aus dem Kantonesischen, und heißt so viel wie „lecker", eine Umformung von „chi", dem Mandarin-Begriff für „Essen". Meine liebste Nachbarin ist meine liebste Nachbarin, weil sie eine der wenigen Chinesinnen ist, die einen Bauchansatz hat. Diesen verbirgt sie in gemütlichen Strickjacken, die herrlich zu ihrem hellgrauen, leicht gewellten Haar passen. Außerdem fährt sie immer zwei Stockwerke tiefer, um ihre Tochter zu besuchen, und sie tut dies nie ohne Begleitung ihrer Hunde, die, wie gesagt, na ja: stinken. Sie ist auch deshalb bemerkenswert, weil sie gute Stoffe trägt. Während sich die meisten Chinesen für Polyester begeistern, am besten, wenn es noch mit pinkfarbener Plastikspitze und falschem Strass bestickt ist, trägt sie immer Wolle, Tweed und niedliche Kleider, die aussehen, als hätte sie sie selbst genäht und nach den Charakteren eines Jane-Austin-Buchs entworfen. Letzteres ist unwahrscheinlich, aber dennoch ... Einige Stockwerke tiefer gesellt sich dann ein mintgrüner Anzug zu uns, der „Pest Control" betreibt und in jede Ecke des Gebäudes Gift sprüht. Im zweiten Stock halten wir für einen etwa 16-jährigen Jugendlichen, der zu seinen langen, schwarzen Haaren, die ihm keinen Ausblick ermöglichen, eine schwarze Jeans und ein noch schwärzeres T-Shirt dekoriert hat. Meiner Meinung nach sollte man ab dem sechsten Stock für niemanden mehr halten, denn diese Strecke kann jeder wirklich zu Fuß bewältigen, sieht man von Alten und Kranken einmal ab.

Der Park vor meiner Wohnung ist heute noch unbelebt. Wo normalerweise ab fünf Uhr morgens Tai-Chi und Tango geübt werden, tanzen nur die nassen, gelborangefarbenen Blätter im Kreis, angetrieben von einem scharfen Wind. Letzte Nacht hat es stark geregnet, und so versuche ich angestrengt, die Pfützen und dreckigen Löcher in der Straße zu umgehen.

Den 1. Oktober auf dem Platz des Himmlischen Friedens zu beginnen ist vermutlich die beeindruckendste Art, den Chinesischen Nationalfeiertag zu begehen. Während ich im Vorbeifahren die stille, dunkle, gerade erwachende Welt durch das Taxifenster beobachte, reißt mich plötzlich der schrille Klingelton des Fahrers aus der andächtigen Stille: Zu harten Beats rappt ein Sänger chinesische Texte, was so gar nicht zu dem hellgrauen, gebügelten Blouson des braven, vielleicht vierzigjährigen Fahrers passen will. Wie so viele trägt auch er diese unschlagbar altmodische, zum Kultobjekt erhobene Hornbrille. Er spricht ins Telefon, und ein Mann plärrt auf der anderen Seite so laut, dass ich ihn hören kann. Etwa zehn Minuten sprechen die beiden, lachen viel und diskutieren, was ich Ausländerin denn wohl um diese Zeit auf dem Tianan'men machen wolle.

Was die anderen tausend Chinesen dort um diese Zeit tun, weiß er sicherlich. Jeden Morgen strömen massenweise chinesische Touristen genau zum Sonnenaufgang auf den Platz des Himmlischen Friedens, wo sie voller Stolz miterleben können, wie ihre Nationalflagge vor dem Eingang zur Verbotenen Stadt gehisst wird. Am 1. Oktober soll die Parade hierzu besonders imposant sein, erinnert sie doch an die Ausrufung der Volksrepublik China durch den Vorsitzenden Mao. Seit Ende des Zweiten Weltkrieges hatte er als Anführer der KPC, der Kommunistischen Partei Chinas, gegen die von Chiang Kai-Shek geführte Kuomintang, die GMD-Truppen, gekämpft. Am 1. Oktober 1949 war Maos Sieg komplett, und nicht weniger als 300 000 Menschen jubelten ihm begeistert zu, als er auf dem Tianan'men seinen Sieg verkündete.

Der Platz, der sonst von allen Seiten zugänglich ist, ist zu dieser Veranstaltung nur an einer Stelle geöffnet. Der Zugang wird von acht Polizisten bewacht, und ich wundere mich fast, dass sie keine richtigen Kontrollen durchführen. An jeder Ecke des Platzes steht ein Polizeifahrzeug und erhellt den dunklen Himmel durch seine roten und blauen Lichter, die im Sekundentakt aufblitzen.

In der Menge falle ich nicht sonderlich auf, denn auch ich habe dunkle Haare. Im Gegensatz zu den meisten hier trage ich allerdings keine bunte Kappe, die mich als Teilnehmer eines Gruppenausfluges identifizieren würde. Rote, blaue, gelbe und orangefarbene Kopfbedeckungen schwimmen in einem schwarzen Meer von Köpfen. Aufgeregt laufen sie ihren Führern hinterher, die mit kleinen Flaggen wedeln. Vorne an der Absperrung zum Flaggenmast drängen sich alle – wie Fans auf einem Rockkonzert entlang des Pressegrabens. Die beste Sicht zu haben, das ist das Ziel, und der Weg in die erste Reihe kann durchaus mittels Ellbogen, Spuckgeräuschen und Kraftanwendung erkämpft werden. Hat man es geschafft, dann blickt man nun leider nicht auf eine glitzernde Diva, die gut geschminkt ihren perfekten Körper ästhetisch im Takt bewegt. Ich sehe Soldaten, die uns, ohne sich auch nur im mindesten zu regen, anstarren. Sechs Soldaten stehen steif links vom Flaggenmast, sechs stehen rechts, ebenso unbewegt. Die Menschenmenge um mich herum schnattert und kichert und arbeitet dabei noch an Methoden, die Kamera so hoch wie nur möglich zu halten und den Zoom so weit wie möglich zu schärfen, um auch wirklich kein Detail der Zeremonie zu versäumen.

Es sind auch viele Kinder hier auf dem Platz, zum Teil schlafen sie auf den Schultern ihrer Eltern, oder sie sind aus geschäftlichen Gründen hier und verkaufen kleine Papierdrachen, Anstecker, Plastikflaggen der Volksrepublik oder goldene Münzen, die auf jeder Seite eine goldene Prägung mit dem Abbild Maos zeigen – Kinderarbeit.

Langsam dämmert es, fast habe ich es nicht bemerkt, und auf einmal erlöschen alle Flutlichter am Tianan'men gleichzeitig. Ein „Oh" und „Ah" geht durch die Menge, und für einen Moment ist es ganz still. Als dann aber noch immer nichts passiert, redet alles wieder wild durcheinander. „Kai shi le!", höre ich plötzlich in verschiedenen Dialekten des Landes: „Es geht los!" Nun drängelt ein jeder nach vorne, aufgeregt springt mein Nachbar von einem Fuß auf den anderen. Auch ich stehe jetzt angespannt auf meinen

Zehenspitzen und befürchte, den Bruch meiner Fußknö-
chel zu riskieren, nur um etwas besser sehen zu können.
Ich war schon immer anfällig für Massenhysterie. Im
Gleichschritt marschieren etwa zwanzig Soldaten unter
dem Bild Maos hervor, der zufrieden auf uns herabblickt.
Alle Soldaten haben dieselbe Größe, und so sitzen auch ihre schneeweißen Uniformgürtel auf derselben Hüfthöhe.
Durch das graue Licht marschieren sie uns entgegen und
bilden, zumal mit den choreografisch perfekt wogenden
Reihen weißer Handschuhe, ein sich rhythmisch bewegen-
des Bild. Im Stechschritt laufen sie auf den Flaggenmast
zu, der von Marmortreppen umgeben ist. Immer wieder
wechseln sie unerwartet die Richtung, um wie gestriegelte
und streng trainierte Dressurpferde verschiedene Formatio-
nen in dieser Manege zu laufen. Zuletzt kommen sie am
Flaggenmast an. Für den Bruchteil einer Sekunde hört man
ein Rauschen und Knacken durch die Lautsprecher, die unter jeder Straßenlaterne angebracht sind. Dann schmettert
sie los. Mit Pauken und Trompeten ertönt die National-
hymne der Volksrepublik, und ich kriege eine Gänsehaut.
Ruhig und gleichmäßig, es muss eine Automatik dahinter-
stecken, bewegt sich jetzt die rote Flagge entlang des Mastes in Richtung Himmel. Andächtig schauen die Betrachter dem Vorgang zu und fotografieren die Flagge alle zehn
Zentimeter. Perfekt inszeniert, etwas anderes hätte mich
auch überrascht, erreicht die Flagge die Spitze des Mastes
in Einklang mit dem letzten Ton der Hymne.

Lange verweilt hier niemand. Sobald die Musik zu spielen aufhört, drehen sich flink Hunderte von Menschen in
meine Richtung, und ich denke kurz darüber nach, ob ich
mich mit dem Strom vom Platz reißen lassen oder doch
das Spektakel noch etwas länger beobachten sollte. Ich entscheide mich für Letzteres, gehe leicht in die Knie, um

durch eine stabile Körperhaltung ein sofortiges Umfallen zu verhindern, und lasse die anderen wie eine Büffelherde an mir vorüberziehen. Auch die Soldaten stolzieren zügig über die mittlere Marmorbrücke zurück auf den Vorplatz der Verbotenen Stadt. Als jetzt die Absperrung zum Flaggenmast geöffnet wird, rennt die Hälfte, die gerade nicht vom Platz stürmt, schnell auf ihn zu, als bestünde die Gefahr, dass der Mast gleich wieder verschwände. Sie schießen unzählige Bilder mit der wehenden Fahne im Hintergrund. Einmal lächelnd. Einmal mit dem berühmten Victory-Zeichen. Dann hockend mit kleinen, chinesischen Plastikfahnen in der Hand. Schon regen sich die ersten Müllwagen, die laut aufbrausend den Kampf gegen die Zigarettenkippen beginnen, während eine Gruppenführerin durch ein Megafon laut nach ihren Schäfchen ruft.

Ich muss beinahe um den ganzen Platz laufen, um ein Taxi zu finden, denn fast nirgends darf eines halten. Als ich an einer Straßenecke stehe, spricht mich ein chinesischer Herr auf Chinesisch an. „Wissen Sie, wo hier die nächste Toilette ist?" Obwohl ich mich darüber freue, dass er mich anspricht, finde ich es doch verwunderlich, dass ein Chinese der einzigen Ausländerin in Sichtweite, also einer Frau, die allem Anschein nach nicht aus Peking kommt, diese Frage stellt. Näherliegend wäre es gewesen, den Herrn um Auskunft zu bitten, der den Eingang zu den Straßenunterführungen bewacht und fünf Meter neben uns steht. Ich antworte ihm, dass ich es nicht wisse. Sichtlich erfreut darüber, dass ich ein wenig Chinesisch spreche, fragt er jetzt, ob ich Studentin sei. Aha. Er war also einfach neugierig, um ein „Badezimmer" ging es ihm nicht. Kurz reden wir noch darüber, was ich in Peking mache, und dann verabschiedet er sich, sein Wissensdurst ist befriedigt.

Bald ist es halb acht, und wie an jedem Wochenende will ich auch heute noch viel schaffen. Seit einigen Tagen laufe ich schon wieder mit einem klirrenden „Klick-Klack" meiner Absätze über den Marmorboden unseres Hotels – der Absatz ist kaputt. Außerdem sind bereits mehrere meiner Strumpfhosen mit Nagellack geflickt, und mein Fahrrad hat nun fast den ganzen Sommer über ein Loch im Reifen. Da ich aber sowieso die Hitze wenig schätze, um nicht zu sagen verabscheue, hat mich das nicht weiter gestört. Nun beginnt jedoch der wunderbare Herbst, der ebenso prachtvoll und schön ist wie der Pekinger Frühling. Anlass genug, mein Fahrrad reparieren zu lassen. Vorab muss ich erwähnen, dass ich jetzt bereits eine Fahrradgeschichte in Peking aufweisen kann und mich in der Lage fühle, mit jedem Holländer ein ernsthaftes Gespräch über die Sattelqualität, die perfekte Höhe des Korbes und auch den idealen Tretwiderstand der Pedale aufzunehmen. Aber wahrscheinlich ist den Holländern das alles total schnuppe.

Mein erstes Fahrrad war hellblau, genau genommen silberblau. Eine Praktikantin des Hotels hatte es mir für zwanzig Euro überlassen. Es wuchs mir sehr ans Herz, denn ich habe es in meinen ersten Wochen in China benutzt, in denen ich mich mit jedem Pedaltritt freier, wohler und unabhängiger gefühlt habe. Die Empfindungen, die man als frischgebackene Beijingerin auf der ersten Fahrradtour entwickelt, sind schwer zu beschreiben. Sie haben auf mich aber bis heute einen tiefen Eindruck hinterlassen, und so hat sich auch meine anhängliche Zuneigung zu meinem silberblauen Fahrrad erhalten. Symbolisch steht es für meine Selbständigkeit in China, für wunderbare Sonntage – und für Freiheit. Es dauerte nicht lange, da war mein Rad verschwunden. Ich bin mitschuldig, denn es stand einige Nächte in Folge vor einer Bar, und ich vergaß es abzuholen. Mein zweites Rad habe ich ganz regulär gekauft, es war ein neues Fahrrad, und es war schwarz. Ein neues Fahrrad in Peking zu kaufen ist eine Schande, denn nur die alten Räder, die optisch gut zu den grauen, dreckigen Hutongs und Pekings Schlaglöchern passen, reihen sich anständig in das Stadtbild ein. Außerdem kosten gebrauchte nur acht Euro, warum also eines für dreißig kaufen?

Der Bequemlichkeit wegen. Nachdem mir zwei Kollegen verschiedene Adressen für gebrauchte Räder aufgeschrieben hatten, die ich beide nicht gefunden habe, gab ich auf und ging in ein Geschäft. Zu dem Rad, das ich dort erwarb, habe ich keine enge Beziehung entwickelt, vielleicht, weil es von Anfang an etwas ungewollt war und nur einen Ersatz für das Rad mit Patina darstellte. Ich komme mir jetzt vor wie eine Rabenmutter, doch es ist wirklich wahr. Als hätte das Rad es gespürt, war es schon nach zwei Wochen verschwunden. So lernte ich damit umzugehen, dass man in Peking jeden Tag, an dem man sein Fahrrad noch hat, wertschätzen sollte. Dies ist eine wesentlich bessere Taktik, als sich nur an dem Tag zu ärgern, an dem es den Besitzer wechselt – so hat man dann nämlich 147 Tage Freude an dem Fahrrad und nur an einem Tag Ärger, anstelle von 147 Tagen ein Gefühl von Selbstverständlichkeit und dann tagelang Ärger, weil das Rad weg ist. Es folgte die Fahrradleihgabe von einem jungen Herrn, in den ich etwas verliebt war. Ich glaube noch immer, dass dieses Fahrrad mehr Zuneigung von mir verdient hätte, aber ich habe es leider nur seines Besitzers wegen benutzt. So konnte dieses Rad – es war ein sehr sportliches, gelb-schwarzes – nie wirklich in den Genuss meiner liebevollen Pflege und Zuneigung kommen. Und wie sich später herausstellte, hat sein Besitzer das genauso gehalten.

Nun aber, vermutlich am Höhepunkt meiner Fahrradkarriere angelangt, habe ich das schönste, das leidenschaftlichste, das stolzeste und eleganteste Fahrrad von allen. Es heißt Flying Pigeon, also „Fliegende Taube", und Sie sollen jetzt nicht an dunkelgraue, krankheitserregende Tauben einer Fußgängerzone denken. Meine fliegende Taube ist eine weiße, mit einem silbernen Nacken, blauen Augen und zarten Füßchen, und sie fliegt so geschmeidig und leichtflügelig, wie man das von einer Friedenstaube oder einer, die auf Hochzeiten als Dekoration verwendet wird, erwarten darf. Dass sämtliche eben gebrauchten Adjektive nicht auf mich zutreffen, da ich mit hochrotem Kopf und schmerzenden Oberschenkeln in die Pedale trete, versteht sich von selbst. Mein Rad hingegen, Flying Pigeon eben, ist das einzige Modell in Peking mit hellbraunem Ledersattel. Ebenso eigen ist der Lenker, der sich nicht dem Zeitgeist beugt, ganz gerade zu sein. Vielmehr zeigt er an beiden Enden im Neunzig-Grad-Winkel zum Fahrer. Der Rahmen des Rades ist schwarz lackiert, und in geschwungenen, goldgelbenen Buchstaben steht da: „Flying Pigeon". Und hinzufügt wurde: „Made in Shanghai". Das Design dieses Modells ist nämlich in den glamourösen dreißiger Jahren in Shanghai entstanden. Es hat ab und zu geregnet in den letzten Tagen, und so entwickelt mein Fahrrad Rostflecken, die ich als hübsche Sommersprossen deute.

Heute also, bevor ich den Rest meines Tages mit den Feierlichkeiten des 1. Oktobers zubringen werde, wird das Rad repariert. In meiner Straße befindet sich einer der schönsten Fahrradläden, und bevor ich zu ihm aufbreche, nehme ich mir noch ein Buch mit, denn ich weiß, dass dieser Eingriff länger dauern wird.

Ich komme an der Hütte an, und mein Fahrrad fliegt heute nicht, es hinkt. Von Dämmerung keine Spur mehr, es ist schon gleich neun Uhr und die Straßen sind jetzt voll belebt. Die Flaggenzeremonie des Morgens kommt mir fast schon wie ein Traum vor, doch insgeheim freue ich mich, bereits vor neun Uhr morgens so viel erlebt zu haben. Alle drei Insassen der Hütte drehen sich um, es sind zwei Männer und eine Frau. Die Frau schätze ich auf etwa sechzig Jahre. An ihren Füßen sehe ich schwarze Schuhe aus Cord, die mit einer dicken Stoffsohle unterlegt sind. Dazu trägt sie ein hellgrünes Jersey-T-Shirt und eine handgenähte, hellbraune Stoffhose. Die hängt an ihren dünnen Beinen wie ein Schlafanzug herunter. Sie grinst mir entgegen, und ich sehe, dass ihr mehrere Zähne fehlen. Der Herr, der hier offensichtlich der Reparateur wie auch Hüttenchef ist, redet ohne Unterlass. Seine Stoffhose ist der seiner Frau sehr ähnlich, nur ist sie dunkelblau und gewaltig schmutzig. Ein ausgeleiertes Unterhemd in fleckigem Weiß verdeckt eine Verbrennung an seiner Schulter. Der dritte der Bande, der neben mir sitzt, wühlt mit einem Nagel in seinem Ohr herum. Er trägt gelbe Plastikschlappen und an fünf von zehn Zehen fehlen ihm die Fußnägel.

„Zen me le?", fragt mich der Werkstattchef, als ich etwas näher trete. „Mein Reifen hat keine Luft und meine Pedale sind gebrochen." Natürlich ist „gebrochen" für meine Pedale der falsche Ausdruck, mir fällt zu dieser Diagnose nur dieser Ausdruck auf Chinesisch ein. Er scheint mich zu verstehen. „Mh", brummt er und wendet sich wieder dem Fahrrad zu, das er gerade bearbeitet. Ich stehe wie ein Außenseiter am Rand und höre zu. Gestikulierend erzählt er von den vielen Amerikanern, die schon in seinem Laden waren. Viel mehr verstehe ich nicht. Der Herr mit den gelben Badeschlappen fragt mich jetzt, woher ich komme. „Wo shi de guo ren." – „Ah!", sagt er, und ich bin wieder einmal erstaunt darüber, wie viel positive Reaktionen man darauf bekommt, Deutsche zu sein. Ich freue mich jedoch zu früh. „Gibt es viele Koreaner in Peking?", fragt er mich. Er kennt Deutschland also nicht, und etwas ruppig dreht sich der Mechaniker zu ihm um und schimpft: „Deutsche und Koreaner haben nichts miteinander zu tun." Verständnisvoll wendet sich der Mann ohne Fußnägel wieder zu mir und fragt, ob Deutschland im Norden, Osten, Süden oder Westen Beijings liege. „Im Westen", antworte ich und erkläre dann noch, Deutschland liege in Europa, nahe bei England und Frankreich, in der Hoffnung, dass diese Länder ihm bei der weiteren geographischen Zuordnung behilflich sind. Die Frau stellt sich hinter mich und wirft einen Blick in mein Buch. „Guck mal", ruft sie ihren Freunden zu, „das kann ich gar nicht lesen!" Die anderen beiden kommen hinzu, und alle drei lachen aus vollem Leibe. „Das ist Deutsch", erkläre ich, doch was das ist, möchten sie gar nicht wissen, sie lachen einfach weiter über diese seltsame Sprache, die ich da lese, und ich stimme mit ein.

Plötzlich hat die Dame an mir Interesse gefunden, und jetzt zeigt sie auf meinen Bambusarmreif. „Wo haben Sie den gekauft?" – „In Beijing." – „Und wie viel hat er gekostet?" – „Fünf Yuan." Sie blickt mich etwas skeptisch an und stellt dann dieselben Fragen über einen anderen Armreif, der ebenfalls aus Holz ist, aber mit einem schwarzen Muster bemalt. „Dieser ist aus Jordanien." Jordanien sagt ihr nichts, und so fragt sie auch nicht weiter nach. Jetzt fasst sie meine Kette an. Es ist meine momentane Lieblingskette, die so lang ist, dass ich sie sicher viermal um den Hals wickeln kann, und sie ist so bunt, dass sie zu jeder Farbe tragbar ist. Ina hat sie mir geschenkt, eine sehr liebe Freundin, die gerade nach Uganda gezogen ist. „Wie teuer war die?", fragt die Frau in der Schlafanzughose wieder komplett ungeniert. „Die war sicher nicht teuer, denn sie ist aus Müll." Jetzt bricht sie in fast hysterisches Lachen aus, denn wie soll ein Chinese, der jeden Müllsack penibel nach noch nutzbaren Dingen suchend auseinandersortiert, verstehen, dass ich mir gerade den um den Hals hänge. Nun bin ich an der Reihe. Der Mechaniker hat eben die Reparatur des ersten Fahrrads beendet und widmet sich nun meiner fliegenden Taube zu. Ohne zu ahnen, wie schön ich mein Fahrrad finde, dreht er es ruckartig herum und stellt es auf den Sattel in den Dreck. Zu meiner Überraschung braucht er kaum fünf Minuten für die Reparatur, so flink weiß er mit seinem Werkzeug und vor allem dem sperrigen Fahrrad umzugehen.

Während ich in der mittlerweile durch die Sonne erwärmten Luft zurück zu meiner Wohnung gehe, klingelt mein Handy. „Schneider", steht da auf dem Display, und da fällt mir ein, dass ich nicht nur meine Schuhe noch reparieren muss, sondern auch meine neu geschneiderten Kostüme vom Schneider abholen wollte (so etwas ist normalerweise das Letzte, was ich vergesse). Noch nirgendwo anders habe ich so viele Leute unter anderen Bezeichnungen als ihrem Namen in meinem Telefon abgespeichert wie hier in Peking. Da gibt es einen „Christoph VW" und „Colin Idiot", und „Elisa Uganda" folgt direkt danach. Unter A finde ich in der Namensliste als erstes „Air-Condition", also den Herren, der meine Klimaanlage repariert, sobald sie mal wieder nicht funktioniert. Für Anna ist als Nachname „from Ina" eingetragen, denn ich kenne sie durch Ina, und besonders wichtig sind auch die Telefonnummern der Essens-Lieferanten „Annie's" und „Goodies". Diese sind vermutlich neben Jöran, Nadine und Pam die Nummern, die ich am meisten wähle, denn auch wenn es meiner Fortbildung zu einer guten Haus- und Ehefrau zuträglich wäre, koche ich nie. Die Telefonnummer von „Guanxi" ist ebenfalls essentiell, jeder Ausländer sollte sie bei sich tragen. Was als raffiniertes und überlebenswichtiges Beziehungsnetzwerk in China übersetzt werden kann, ist hier ein Dienstleister, der, schickt man ihm via SMS den Namen eines Restaurants zu, mit der Adresse und Telefonnummer des Etablissements antwortet. Weiter unten in dem Telefonbuch steht da „Jason Aperitivo" – sein Nachname ist der Name jener Bar, in der Jason immer anzutreffen ist. „Johannes Pause" ist der Johannes, dem das Café Pause gehört, „Maxwell Ghana" kommt aus Ghana, und „Money Man" ist einer, der schwarz RMB in Euro tauscht – allerdings zu einem unerfreulichen Kurs. Wer „no name" war, weiß ich nicht mehr, und wenn „Don't pick up" anruft, nehme ich nicht (mehr) ab.

Ohne ein Frühstück möchte ich aber auch nicht auf den Markt, um meine Kleidung abzuholen, und so eile ich jetzt zu meiner Frühstücksverabredung mit Yang Gao, die ich schon einige Wochen nicht mehr gesehen habe. Wir treffen uns im Dareen Coffee, einem arabischen Café in Sanlitun, das sehr guten Kaffee brüht und besonders guten Hummus herstellt. „Wie war denn das Konzert letzte Woche?", fragt sie als Erstes. Ich hatte es schon fast wieder vergessen, doch letzte Woche hatte ich das Glück und die Ehre, an einem Konzert in dem an die Verbotene Stadt grenzenden Zhongshan-Park teilzunehmen. Dieses Konzert wurde zu Ehren der Frau Me ke le (wie Frau Merkel in China heißt) und Wen Jiabao gegeben, um die 35 Jahre diplomatischer Beziehungen zu feiern. Es spielte das Euro Youth Classic Orchester, das aus deutschen und chinesischen Musikstudenten besteht. „Es war großartig. Und Yang, es war wirklich köstlich zu sehen, wie anders deut-

sche und chinesische Politiker-Reden ausfallen!" – „Hast
du denn Wen Jiabao selbst gesehen?" In der Tat habe ich
das, und zwar zum ersten Mal, und beeindruckend fand
ich es auch. „Ja! Und er hat auch eine Rede gehalten, bevor
das Konzert losging." – „Toll! Wie war sie denn, und was hat
er gesagt?" Das ist eine schwierige Frage. Sicherlich war sie
gut, aber sie war so anders als erwartet, und sicherlich gänz-
lich verschieden von der der Bundeskanzlerin. Der ganze
Abend war von Metaphern durchzogen, entweder durch
die Wortwahl in den Reden oder allein schon durch das
Orchester selbst. Metapher Nummer eins: die Darstellung
der deutsch-chinesischen Freundschaft durch ein gemisch-
tes Orchester. Metapher Nummer zwei: Ein Orchester ist
ein Kooperationsprojekt, und so muss es auch zwischen
China und Deutschland sein. Jeder der beiden Premiers
hielt seine Rede, die rhetorischen Ansätze waren höchst
unterschiedlich. Me ke le betrat die Bühne. Mit ihren kurzen Ärmchen, die in einem sehr hübschen, übrigens hum-
merfarbenen Blazer steckten, hielt sie sich am etwas zu
hohen Rednerpult fest und sagte: „Vor 35 Jahren haben die
Bundesrepublik Deutschland und die Volksrepublik China
diplomatische Beziehungen aufgenommen. Allein in den
zwei Jahren meiner Amtszeit haben Premierminister Wen
und ich uns viermal getroffen und häufig miteinander tele-
foniert. Der Import deutscher Technologie in die Volksrepublik hat sich allein in den letzten zehn Jahren vervier-
facht. Doch auch im Bereich der Kultur kann man die
engen deutsch-chinesischen Beziehungen feststellen. Wir
freuen uns sehr darüber, Gastland auf der Buchmesse in
Peking sein zu dürfen, und sind stolz darauf, in Nanjing
die Kampagne ‚Deutschland und China – Gemeinsam in
Bewegung' eröffnen zu können." Nach einigem Applaus
trat nun Wen auf die Bühne, seinerseits wesentlich kleiner

und zierlicher als die deutsche Kanzlerin. Yang Gao hört jetzt besonders angestrengt zu, denn sie hofft sicherlich, dass ich den Redeninhalt ihres Premiers ebenso gut wiedergeben kann. Wie immer trägt er eine rote Krawatte (die Farbe der Partei) und, wie ich finde, schlecht gefärbte Haare. Er redet ganz anders. „Im Zhongshan-Park", sagt er, „stehen zwei Zypressenbäume. Ihr Geäst und auch ihr Grün sind ineinander verwachsen, sie stützen sich gegenseitig. Möge die deutsch-chinesische Freundschaft wie diese Bäume weiterhin gedeihen und sich gegenseitig Halt geben. Die Wellen auf dem Chinesischen Meer zeugen auch in diesen Tagen von Aufbruch und dem starken Willen, sich zu bewegen. Sie fließen, vereint mit den Wassern dieser Erde, zielstrebig in Richtung Deutschlands und Chinas, um Menschen zu befördern und unseren Handel zu unterstützen." Ah ja. Natürlich auch nun Applaus, und kurz darauf stimmte dann Chinas berühmteste Sopranistin „Wo ai Zhongguo" an, „Ich liebe China", und wieder läuft mir ein Schauer den Rücken hinunter.

„Was ist denn jetzt der gravierende Unterschied zwischen den beiden Reden?", fragt Yang Gao, und ihre Frage ist insofern gerechtfertigt, da der Inhalt der beiden Reden sehr ähnlich war. Beide sprachen von Freundschaft und guten Beziehungen. „Wir Deutschen neigen ja immer zur Direktheit, zur Klarheit und dazu, Dinge beim Namen zu nennen. Ich empfinde eine arg von Metaphern besetzte Sprache meist als anstrengend." – „Ach so, das meinst du", nickt Yang verständnisvoll. „Über diese uncharmante Art des Redens habe ich mich schon oft in der Schweiz gewundert." – „Uncharmant findest du das?" Da war schon was dran, das muss ich gestehen. Sind wir nicht allzu aufgeklärt, zu direkt und sehen dadurch nur eine Realität? Ist es nicht schön, sich in der Vieldeutigkeit guter Metaphern gedanklich zu verlieren und immer dieses Fünkchen Hoffnung und den kleinen Zweifel zu haben, das gesprochene Bild vielleicht doch nicht richtig verstanden zu haben, so dass Raum bleibt für eigene Interpretation?

Solch eine behutsame Rede kann sich sicherlich oft sehr positiv auswirken. Fragt man in China zum Beispiel in einem Elektrogeschäft, ob sie eine bestimmte Glühbirne haben, lautet die Antwort oft: „Maybe later". Gemeint ist: „Nein". Der Verkäufer hat mit seiner Antwort versucht, den Kunden nicht zu vertreiben, und er wollte nicht, dass sich herumspricht, dass Elektromeister Wu keine Glühbirnen hat. Fragt man mich, wo man diese Glühbirne finden kann, würde ich sagen: „Frag mal bei Wu, der hat diese Birnen sicher bald", und wer weiß, vielleicht hat er sie eines Tages ja auch. In Deutschland jedoch würde ich bei einem „Nein, wir führen diese Glühbirnen nicht" nie wieder in das Elektrogeschäft zurückkehren, obwohl Elektro-Haas vielleicht nach zwei Tagen sein Sortiment ändert und dann eben doch diese Birnen führt. Manchmal ist also eine Antwort wie „Vielleicht", „Vielleicht später" und „Ich weiß es nicht" hilfreicher und psychischer Balsam. Das findet Yang Gao auch, wenngleich sie mir darin zustimmt, dass es besonders im Beruflichen hilft, geradeheraus zu reden und nicht mit so vielen Windungen, wie die Große Mauer sie hat. Und als meine Schneiderin später doch nicht meine Kostüme fertig hat und auf meine Frage, wann ich sie denn abholen könnte, mit „Maybe tomorrow" antwortet, neige ich sogar schon wieder dazu, unsere deutsche Direktheit als charmant zu bezeichnen.

十一月

November

WIRTSCHAFT, HANDEL, PRODUKTION – das sind die Schlagworte in China, die neben dem Lieblingsthema Olympia in aller Munde sind. Auch wenn man in Peking mitten in der Hauptstadt sitzt, wird einem diese wirtschaftliche Dimension doch kaum anschaulich. Die meisten IT-Produkte weltweit werden in China produziert, aber eine Fabrik habe ich noch nirgends gesehen. Noch nicht, denn dieses Wochenende wurde ich eingeladen, eine solche in Guangdong, der ultimativen Fabrikprovinz Chinas, zu besuchen. Sie liegt etwa zwei Autostunden außerhalb von Shenzhen, einer der chinesischen Städte, die symbolisch für den Boom stehen. Noch in den achtziger Jahren war Shenzhen ein Fischerdorf. Heute, um einige Millionen Einwohner reicher, bietet Shenzhen den Fabriken, die im Innern der Provinz produzieren, alle Möglichkeiten für die weltweite Abwicklung und Verschiffung ihrer Produkte. Schon vom Flugzeug aus sehe ich die tausend Lichter dieser Hafenstadt, die kitschig und schrill nur für das neue China stehen.

Wie ich die Fabrik finden werde, ist mir ein Rätsel, jedoch habe ich eine Telefonnummer, unter der ich bei Ankunft anrufen soll. Um alles weitere wollte man sich kümmern. Nach der Landung wähle ich die Nummer, und ein Chinese nimmt ab. „Wei?", schreit er laut in den Hörer. „Ni hao!", rufe ich zurück. „Sind Sie Danis Freundin?" – „Äh, ja, das bin ich." Dani, das ist der persönliche Assistent der Firmenleitung, mit dem ich zwei E-Mails gewechselt habe – also bestätige ich, dass ich seine Freundin bin. Der Herr dirigiert mich zum Ausgang des Flughafens und sagt, ich solle dort stehen bleiben. Einige Minuten später fährt eine große Limousine vor, und heraus springt ein Fahrer mit schwarzen Schlangenlederschuhen, die durch einen goldenen Knopf verziert sind. Er trägt ein weißes Polyesterhemd, eine goldene Kette, und seine Haare glitzern vor Haarlack. Die Zigarette lässt er im Mundwinkel stecken, als er mir seine Hand entgegenstreckt, um mich zu begrüßen. Gepäck habe ich kaum dabei, denn mein Aufenthalt begrenzt sich auf einen Tag. So bedeutet er mir, mich in den Wagen zu setzen, und wir fahren los.

Die Sitze sind aus Leder, und sie erweisen sich als derart weich und komfortabel, dass ich fast in ihnen versinke. Zudem sind die Scheiben etwas verdunkelt, und ich komme mir vor wie eine Geschäftsführerin, die ihre Zeit im Wagen eigentlich für Telefonate nutzen sollte. Ich allerdings halte es für viel spannender, die Stadt zu betrachten. Es sieht alles so aus wie in den meisten anderen chinesischen Großstädten auch: Moderne Bauten reihen sich aneinander, viele bunte Lichter überall und Tausende von Restaurants. Bald schon befinden wir uns auf einer Schnellstraße, die uns zügig aus der Stadt hinausführt. Dann verschwinden die hohen Häuser oder treten nur noch vereinzelt auf. Dazwischen herrscht oftmals Leere, Brachland breitet sich aus, ansonsten reine Einöde. In der Ferne liegen riesige Hallen, abwechselnd mit rotem oder blauem Wellblech bedeckt. Die gleichmäßige Geschwindigkeit des Wagens und der Lärmschutz durch die dicken, gut abgedichteten Fenster verleiten mich dazu, immer tiefer in den Sitz zu sinken. Schon nicke ich weg, und ich merke nur noch halb bewusst, wie wir immer tiefer in die Provinz hineinfahren und die Stadt weit hinter uns lassen. Plötzlich schrecke ich hoch, denn der Fahrer spricht mit mir. Dass ich schlafe, hat er wohl nicht bemerkt. Ich räuspere mich leicht, beuge mich etwas nach vorne, und als wäre ich bloß in Gedanken versunken gewesen, sage ich: „Jaa?" – „Wir sind jetzt gleich da, das ist die Stadt, in der unsere Firma Mountaintop gegründet wurde." – „Ah! Ja, sehr schön, danke. Toll sieht das hier aus." Doch als ich wirklich hinausblicke, möchte ich eigentlich gleich wieder zurücknehmen, was ich gerade gesagt habe. Toll – das ist gelogen. Wir scheinen uns in einem Dorf oder einer kleineren Stadt zu befinden. Jede Straße ist mit der benachbarten zu mindestens hundert Prozent identisch: Alle Häuser haben dieselben Maße, sind dreistöckig, haben ein flaches Dach und ab dem zweiten Stock sind sie von außen mit Fliesen belegt, grau oder weiß. Sicher, die Eingänge variieren, doch alle sind mit Eisentüren versehen, an denen viele bunte Aufkleber und Glückssprüche hängen. In den meisten Häusern sind Frisörläden, Restaurants und Kioske untergebracht, und darüber, so denke ich mir das zumindest, wohnen dann die jeweiligen Besitzer. Jede Minute flitzt wieder ein Motorrad an uns vorbei, dessen Fahrer mir häufig noch nicht in jenem Alter zu sein scheinen, in dem man erlaubterweise solche Maschinen kutschieren darf. In immer gleichen Abständen kommen wir an Kreuzungen, weswegen ich davon ausgehe, dass dieser Ort nach einem bestimmten Muster gebaut sein muss. Wir biegen einmal rechts und dann, nach vielen Kilometern, einmal links ab. Die Straßenzüge verändern sich auch hier nicht, nur dass es irgendwann wieder ein bisschen weniger belebt ist.

Der Wagen hält und wir stehen zwischen zwei Toren. Rechts befindet sich ein riesiges, prachtvolles Wohnhaus, abgeschirmt durch ein Eisentor. Links von uns steht ein Flügel der schweren Türe offen, ist aber durch eine Schranke versperrt. „Mountaintop" steht da in großen, goldenen Lettern über dem Tor, und an der Mauer ist ein in Stein gehauenes Zertifikat aufgereiht, bestehend aus inzwischen mehreren Plaketten, die mich an meine seltenen Ehrenurkunden bei den Bundesjugendspielen erinnern. Diesen Eingang wählen wir. Kurz darauf erscheint Dani, begrüßt mich herzlich und führt mich in einen Teeraum, der an die Eingangshalle des Gebäudes grenzt. Aus Papierbechern trinken wir sehr heißen grünen Tee. Dazu gibt es Sonnenblumenkerne, die Dani auf den Boden spuckt, und getrocknete Früchte. Er besteht darauf, dass ich mich erst eine halbe Stunde ausruhe, ich habe doch gerade so eine anstrengende Reise hinter mir. Nett gemeint, doch nach fünfstündigem Sitzen, zunächst im Flugzeug und dann im Auto, fühle ich mich durchaus dazu in der Lage, jetzt zu Fuß eine Fabrik zu besichtigen. Was genau ich denn sehen möchte, fragt er. „Das ist schwer zu sagen, ich weiß ja nicht genau, was es hier gibt." – „Also", antwortet Dani, „wir könnten bei der Produktentwicklung beginnen. An diese grenzt eine Fabrikhalle, in der diese Produkte dann hergestellt werden. Da gibt es verschiedene Bereiche, von Gussöfen bis hin zur dekorativen Fertigstellung der Artikel. Auf der anderen Seite liegen dann die Lagerhallen und Ausstellungsflächen, die kann ich dir auch gerne zeigen." – „Lass uns doch einfach mal mit dem beginnen, was du jetzt gerade vorgeschlagen hast." Und das tun wir auch.

Wie nicht anders erwartet, besteht die Produktentwicklung aus einer Reihe von PCs, an denen Chinesen sitzen und zeichnen. Am Rande des Büros werden aber auch Prototypen produziert, und das ist schon ungewöhnlicher. Das Büro stellt Brunnen her, Springbrunnen, jedoch für innen und außen, mit Pumpen und kitschigen Lichteffekten, aus Stein und aus Glas. Da wir – zum Glück – keine Art von Gewässer in unserem Garten haben, bin ich mit Teich- und Springbrunnentechnik welcher Art auch immer nicht vertraut. Umso interessanter ist es jedoch zu sehen, wie viele Menschen es offensichtlich gibt, die sich für so etwas begeistern können. In weiteren Büroräumen zeichnen Frauen Schneekugeln, beziehungsweise deren Innenleben. Dann sehe ich eine Designerin, die so etwas wie eine Barbiepuppe bemalt, und der Prototyp aus Styropor liegt neben ihr. Ich darf allen über die Schulter schauen und bleibe bei jedem einige Minuten stehen. Als ich aber merke, dass nicht nur Dani sich langweilt, sondern dieses Büro kein Ende zu nehmen scheint, schreiten wir etwas schneller voran.

Eine doppelflügelige Tür öffnet sich automatisch, als wir uns ihr nähern, und sobald wir einen dicken Plastik- vorhang beiseitegeschoben haben, steigt mir ein stechen- der Geruch in die Nase, und ich verziehe mein Gesicht. Dani bietet mir eine Papiermaske an, die ich dankend an- nehme. Da stehen wir jetzt zwischen langen Tischreihen. Richtige Werkstatt-Tische sind es, die alle in Reih und Glied eine riesige Halle füllen. Sie sind umgeben von Holzbän- ken, den Arbeitsplätzen für das Heer von Arbeiterinnen und Arbeitern. Mittig über den Tischen hängen grelle Lichter, die durch kleine Leselampen, direkt an dem Platz der jeweiligen Person angebracht, ergänzt werden. Des Weiteren ist eine Art Werkzeugstange entlang des ganzen Tisches aufgehängt, an der Pinsel, überdimensional große Pinzetten, Klebemaschinen, Scheren in allen Größen und wieder Gesichtsmasken hängen. Als ich bemerke, dass ich die Einzige bin, die ihre Maske auch trägt, komme ich mir albern vor und nehme sie ab. Wenn die hier täglich zehn

Stunden lang in diesem Dunst sitzen, dann halte ich es auch dreißig Minuten aus.

Ich schaue einer jungen Frau dabei zu, wie sie einen Bilderrahmen verziert. Der Rahmen an sich ist aus Gips und besteht aus mehreren Herzen. Diese malt sie gerade an, sehr schnell, und dennoch unheimlich genau. Die obere Seite des Rahmens trägt einen Schriftzug aus Gips: „I LOVE MUMMY". Vorsichtig macht sie sich nun an diese Buchstaben, jeder hat eine andere Farbe. Ein fertiges Modell liegt vor ihr, und so malt sie es eigentlich „nur" ab. Allerdings handelt es sich um höchste Feinarbeit, die sie hier leistet. „Die sind für den englischen und amerikanischen Markt", sagt Dani im Vorbeigehen. „Und das?", frage ich und zeige auf zwei M&M-Männchen, die gerade von einem älteren Mann mit Lackfarben bemalt werden. „Die sind noch nicht ganz fertig. Die kommen dann als Männchen in die Schneekugeln. Am Ende ist das auch für Amerika, es sind eben Werbegeschenke." Weiter vorne malt eine Dame haarklein ein Miniatur-Neuschwanstein-Schlösschen an. „Das sind auch Schneekugeln", erklärt Dani. „Sie gehen nach Deutschland, ich glaube, es ist ein Souvenir für Touristen." Reihe um Reihe bietet sich mir das gleiche Bild. Jeder malt und sprüht, klebt und bastelt an den unmöglichsten und kitschigsten Deko-Artikeln, die ich jemals gesehen habe. Irgendwann staune ich schon etwas weniger und denke: „Oh, schon wieder eine Barbie", aber bevor mir wirklich langweilig werden kann, verlassen wir die Halle in Richtung Lager.

Die erste Halle, in die wir nun treten, ist fast leer. Nur an ihrem Ende sehe ich einige Paletten mit einem mir von weitem nicht erkenntlichen Gegenstand bestapelt. Als ich auf eine Türe rechts von uns zusteuere, sagt Dani: „Nein, da geht es zu den Wohnungen der Fabrikarbeiter." – „Die wohnen hier in diesem Lagergebäude?" – „Ja, wir haben da große Schlafsäle, und manche Mitarbeiter, besonders die mit Kindern, haben auch eigene Zimmer." Nur zu gerne würde ich vom Wege ab in diese Wohngebiete gehen, doch wenn es nicht vorgesehen ist, dann möchte ich Dani auch nicht damit verärgern. Ohnehin finde ich meinen Empfang hier unheimlich großzügig, bin ich ja nicht einmal ein potenzieller Kunde.

Die Halle, in der wir uns nun befinden, wird nicht nur als Lager genutzt, sondern auch zur Produktion, und zwar für Kerzen. Neben Holztischen stehen große Tonnen, gefüllt mit Wachs oder einer anderen Flüssigkeit, die ähnlich wie Wasser aussieht. Nebeneinander gereiht stehen die verschiedenen Arbeiter, und jeder hat seine Aufgabe. Der eine tunkt eine bereits recht breite und fast fertig gegossene Kerze ins Wachs, streicht dieses anschließend kurz ab und löst die Kerze dann von einem Eisenstab. Daraufhin ziehen zwei junge Frauen die Kerze vorsichtig zu sich heran und drücken zarte künstliche Blumen Zentimeter für Zentimeter in die Oberfläche der Kerze. Auch wenn sie dies äußerst genau und vorsichtig tun, sind sie dabei doch rasant schnell. Jede Blüte sitzt perfekt, und innerhalb von etwa dreißig Sekunden ist die ganze Kerze mit Blüten bedeckt. Nun zieht ein anderer Mann die Kerze zu sich, spießt sie wieder auf einen Eisenstab und tunkt ihn in die klare Flüssigkeit. Fertig. Nun bleiben die Kerzen etwas stehen, bis sie dann von erneut beeindruckend flinken Händen in Plastik gewickelt werden, einen Aufkleber bekommen und im Nu mit einer Strohschleife verziert werden. Etwas weiter, im reinen Lagerbereich, packen Männer dunkelblaue Keramikgegenstände in braune Kartons. „Kennst du Tchibo?" – „Natürlich kenne ich Tchibo!", antworte ich, ohne zu überlegen. „Das", Dani zeigt auf den

Berg von Paletten mit Keramikprodukten, „das ist alles für Tchibo. 90 000 Teile."

Langsam wird mir bewusst, in was für einer Fabrik ich mich hier befinde. Mit fast 10 000 Angestellten ist diese Produktion hier eine der größeren in China. Später, als wir durch den Ausstellungsbereich schlendern, erkenne ich ein Produkt nach dem andern, alle habe ich in Deutschland schon mal gesehen. Es sind Gartenzwerge und Gartenskulpturen, Kerzen aller Art und Form sowie Dekorationsartikel. Es wäre überheblich, wollte ich sagen: alles Dinge, die die Welt nicht braucht.

Ich bin schwer beeindruckt. Noch nie habe ich das Gefühl gehabt, viel von der Welt zu verstehen. Heute jedoch kommt es mir vor, als hätte ich Einblick in den Backstage-Bereich des Welttheaters erhalten. Es ist nicht, als hätte ich eine Tchibo-Fabrik gesehen; eher so, als hätte ich die Fabriken von hundert Firmen gleichzeitig besichtigt, die Werkstatt der Welt. Ich hätte fünf Bücher lesen können und mich durch lange Dokumentationen quälen müssen, und selbst dann hätte sich mir dieser wichtige Teil der Weltwirtschaft nicht so erschlossen, wie er es heute getan hat.

Zurück in Peking. Das Sonntagsfrühstück mit Nadine und Jöran dreht sich zu weiten Teilen nur um dieses eine Thema. Nach meiner Ankunft mitten in der Nacht habe ich lange ausschlafen dürfen, bevor wir uns wieder im Café Konstanz treffen. Wie selbstverständlich hat Jöran schon genau den Kaffee bestellt, den ich immer trinke. Aufmerksam schauen sie sich die Fotos an, und Jöran ergänzt die Bilder mit spannenden Geschichten über Produktionen im Stahlbereich, die er schon öfters besichtigt hat. Wir kommen schnell darin überein, dass es ein Segen ist, in Peking und nicht in so einer merkwürdigen Stadt wie Shenzhen zu leben, ganz zu schweigen von den reinen Produktionsorten. Dann sähe ein Leben in China nämlich ganz anders aus, und der wöchentliche Terminkalender wäre lediglich mit Arbeit gefüllt – und vielleicht mit Karaoke-Abenden. Möglicherweise betränke man sich mit einer pikanten Mischung aus Whiskey und grünem Tee, trüge zur musikalischen Gestaltung des Abends mit einer amerikanischen Schnulze der achtziger Jahre bei und fiele dann nachts alkoholisiert ins Bett, im besten Fall mit reizender Begleitung. Kultur ist in diesen Städten unbekannt, es gibt keine ausländischen Restaurants, keine internationale Presse, kaum Sehenswürdigkeiten und vor allem: keine anderen Ausländer. Ich muss es wissen, denn ein sehr guter Freund von mir berichtet wöchentlich per E-Mail über die Ereignisse seines Alltags, den er bereits seit einem Jahr in einer kleinen Stadt außerhalb von Shanghai verbringt. Und das klingt so: „Ich habe gestern einen Holländer getroffen! Wir waren natürlich sofort zusammen weg, und in einem Monat kommt er vielleicht wieder!" Weiter schreibt er von einem Café, in dem er einen Thunfisch-Sandwich bestellte, aber ein Stück Brot mit Pommes erhielt, und davon, wie er am liebsten seine Hemden faltet. Sein Mitteilungsbedürfnis aus der Provinz ist enorm, keine Kleinigkeit lässt er aus, häufig ruft er an, und aus allem klingt die Einsamkeit. In Peking, kann einem das nicht passieren, worauf Nadine, Jöran und ich mit unserem Kaffee anstoßen.

Es ist einer dieser kalten und diesigen Novembertage. Langsam werden die Gespräche mit Kunden und Freunden von der Weihnachtszeit und der Planung weihnachtlicher Aktivitäten beherrscht. Meine Geschwister und Eltern schicken mir schon erste Wunschzettel. Krawatten und Gürtel hätte mein Bruder gerne, geschneiderte Blusen meine Mutter, ein Stück Seide meine Großmutter und eine Perlenkette meine Schwester. Sobald ich an den Flug von Peking nach Hamburg denke, bekomme ich Herzklopfen, Sehnsucht nach zu Hause, Vorfreude auf unser weihnachtlich geschmücktes Bauernhaus. Aber in meine Gedanken an Deutschland mischt sich auch leichte Skepsis, vielleicht wegen der Selbstzufriedenheit, die dort häufig herrscht. Will ich denn wirklich bald nach Deutschland zurückkehren? Momentan arbeite ich darauf hin, meine Zeit in Peking zu verlängern, denn müsste ich diese Stadt in vier Wochen schon für immer verlassen, wäre mein Herzklopfen nur noch auf meine Traurigkeit darüber zurückzuführen. Noch habe ich keine klare Antwort von meinem Chef erhalten, doch ich bin voller Hoffnung.

Auf dem Weg nach Sanlitun laufe ich entlang des Liangma-Flusses, dessen Ufer neu angelegt worden sind. Nicht nur hat der Fluss jetzt eine ordentliche Promenade, sondern es sind auch gleichmäßig verteilte Weidenbäume zu finden, die in regelmäßigen Abständen ihr Geäst in den Fluss hängen lassen. In einem dunklen Gelb tanzen die Sonnenstrahlen, die sich mit viel Kraft durch die tief hängenden Abgase gebohrt haben. Leicht verwirrend ist der Blick auf acht Betonvasen, jede etwa drei Meter hoch, die als Dekoration mitten in den künstlich angelegten Fluss gestellt und mit langen, dünnen Stäben in Rot und Gelb gefüllt worden sind. Ein seltsames Projekt der Stadtverschönerung. Mein iPod spielt „Time of my Life" von Green Day, und aus Liebe zu diesem Lied und um diesen Moment festzuhalten, setze ich mich kurz in die Sonne an das Flussufer. Ich denke an die Schweiz und meine guten Freunde dort. Ich denke an meine Mädels in Hamburg und an Amelie, die gerade in Berlin lebt. Sollte ich Peking wirklich verlassen müssen, wäre dies ein weiteres Kapitel von Freundschaften und Erinnerungen, die ich mir hier geschaffen habe. Welche dieser Freundschaften auch immer überleben – die Erinnerungen kann einem niemand nehmen.

Während ich noch darüber sinniere, merke ich plötzlich, wie ein chinesischer Herr, der in meiner Nähe an sein Fahrrad gelehnt steht, mich angrinst. Freundlich lächle ich zurück, und dann fängt er an zu lachen, stupst seinen Freund an und zeigt auf mich. Der wiederum zeigt auf das andere Flussufer, und lacht – und wie ich seinem Zeigefinger folge, merke ich, worüber die beiden sich so amüsieren. Da stehen mehrere Chinesen, allesamt Männer, die sich neben ihren Rädern entkleiden. Mit einem vorgehaltenen Handtuch schlüpfen sie in ihre engen Badehosen, ziehen dann schrille Badekappen auf und springen in den Fluss. Nur vom Zusehen spüre ich die Kälte meinen Rücken hochjagen und balle meine Fäuste in meiner Manteltasche erneut, um sicherzustellen, dass sie nicht kalt sind. Da schwimmen sie nun also, zwischen einem Fünfsternehotel mir gegenüber, und der holländischen Botschaft hinter mir. Ausgelassen springen sie ins Wasser, drehen ihre Runden und ziehen sich, neben ihrem Fahrrad stehend, wieder an. Ein kleines Handtuch tragen sie bei sich, das war's. Die hohen Fenster des piekfeinen Hotelrestaurants gewähren den Gästen, die an weißen, gesteiften, bodenlangen Tischdecken sitzen, einen idealen Blick über das Flussufer und auf das fröhliche Schwimmgelage. Was sie sich wohl denken? Am liebsten würde ich mitmachen, doch ich wäre die einzige Frau, habe kein Handtuch dabei und muss ja auch weiter zu meiner Verabredung mit Yang Gao, die bestimmt schon seit fünf Minuten auf mich wartet. Wieder grinsen die beiden Männer in meiner

Nähe mich schelmisch an. Vielleicht denken sie, ich sei ein weiblicher Spanner. „Time of my Life" ist zu Ende, und ich laufe weiter am Flussbecken entlang, bis ich bei Yang ankomme.

Sie war gerade ein ganzes Wochenende zu Hause in Shenyang, und da sie ihre Familie noch mehr vermisst, als ich es tue, freue ich mich sehr für sie. „Wie war's?", frage ich, und noch nie habe ich sie so viel erzählen hören wie heute. Sie berichtet von neu hinzugekommenen Familienmitgliedern und sagt dabei immer „meine Schwester". „Entschuldige, dass ich dich unterbreche, aber du hast doch gar keine Schwester." – „Ach so, nein, ich meine ja auch meine Kusine. Auch auf Chinesisch sagen wir dazu Schwester, gerade dann, wenn wir so eng miteinander aufgewachsen sind, wie es bei uns der Fall ist. Letztes Jahr habe ich meiner jüngeren Kusine sogar Geld im Hong Bao zum Frühlingsfest geschenkt." Hong Bao, das ist ein roter Umschlag. „Warum denn nur der Jüngeren?", frage ich erstaunt. „Na ja, es geht ihr und ihrer Familie nicht ganz so gut. Sie ist Studentin der Dongbei-Uni bei uns, und sie braucht wirklich Geld." – „Dann unterstützen sie alle so, wie sie dich in der Schweiz unterstützt haben?" – „Ja, nur dass meine Uni natürlich wesentlich teurer war. Meine Großmutter unterstützt sie eigentlich am meisten", erzählt Yang. Das überrascht mich, denn sollten es nicht die Eltern sein, die dies tun? Und außerdem: Die Großmutter musste doch selbst in der schwächsten Position sein. „Woher hat denn ausgerechnet deine Großmutter das Geld? Sie ist doch eigentlich in den schwierigsten Zeiten aufgewachsen, oder nicht?", taste ich mich vorsichtig an das Thema heran. „Sie ist eine unheimlich zähe und fleißige Frau, ganz sparsam. Eigentlich ist sie fast ein bisschen reich."

Meine Neugierde wächst, denn ich kann mir schlecht vorstellen, was diese Großmutter eigentlich macht. „Sie verkauft Getränke auf der Straße, in einem Park. Und das schon seit zwanzig Jahren!" – „Wie habe ich mir das denn genau vorzustellen? Macht sie das ganz alleine? Sie ist doch recht alt! Und wenn du sagst ‚auf der Straße', ist es dann so wie bei den Verkäufern bei den Sehenswürdigkeiten, dass sie zu Fuß durch die Parks schlendern und Passanten ansprechen, ob sie etwas zu trinken möchten?" Yang stutzt kurz, und dann grinst sie. Sie scheint sich unheimlich über den Erfolg ihrer Großmutter zu freuen, doch irgendetwas Besonderes muss an der Geschichte dran sein. „Na ja. Sie ist 82 Jahre alt. Eigentlich ist das, was meine Oma macht, verboten. Aber sie ist so beliebt, dass sie irgendwie schon so lange toleriert wird. Ich bin mächtig stolz auf sie, und sie hat uns allen sehr geholfen." Ich denke an meine eigenen Großeltern, auf die ich ebenfalls sehr stolz bin. Manche kenne ich besser, andere weniger gut, doch ich liebe sie alle. „Meine Großmutter hat einen richtigen Stand am Eingang des Parks, und sie verkauft Cola, Wasser und Säfte. Früher gab es Cola nur in Glasflaschen, aber jetzt gibt es auch Plastikflaschen." Yangs Blick verändert sich dann etwas, er verdunkelt sich ein wenig, doch wäre ich nicht so neugierig ihrer Geschichte gefolgt, wäre mir dieser ganz kurze, stumpfe Schatten in ihren Augen entgangen. „Ist alles in Ordnung? Du musst mir darüber auch nichts erzählen, nur wenn du möchtest!" – „Ach nein, ist schon in Ordnung. Mir fällt gerade nur ein, wie schlecht es den Eltern meiner Kusine geht. Mein Onkel ist schon im Ruhestand, aber er schreit sehr viel zu Hause rum und ist – wie nennt man das noch mal – authentisch?" – „Ich glaube, du meinst Autist?" – „Ja, eben diese Krankheit, bei der man seine Umwelt nicht mehr wirklich wahrnimmt, die hat er zumindest.

Und das schon seit einigen Jahren." Ich hake nach, als sie noch mal erwähnt, dass ihr Onkel schon im Ruhestand ist. Mit einer wesentlich jüngeren Kusine als einzigem Kind müsste ihr Onkel jünger als meine Eltern sein, oder mindestens gleichaltrig. „In China geht man ja schon ab fünfzig in Rente, Frauen so mit etwa fünfzig oder 55, und Männer mit 45 oder fünfzig. Das liegt daran, dass Männer oft mehr körperliche Arbeiten verrichten. Wenn es ein Bürojob ist, den man macht, dann arbeitet man natürlich länger."

Gao Wen Zhen, Yangs Großmutter, hat sich also selbstständig gemacht, lange nachdem sie pensioniert war. Wie Yang jetzt weiter erzählt, bietet sie ihre Getränke für einen Preis zwischen zwei und viereinhalb Yuan an. Im Park ist sie sehr bekannt, und es sind natürlich oft dieselben Parkbesucher, die Gao Wen Zhen regelmäßig Getränke abkaufen. Direkt am Eingang hat sie zwei Kühlschränke aufgebaut. Es ist kein Kioskhäuschen, wie wir sie kennen, mit bunten Stühlen und einem Sonnenschirm. Es sind einfach zwei Kühlschränke, für die sie sich einen Stromanschluss organisiert hat. Alle kennen ihre Großmutter, die Frau, die am Zhongshan-Park, dem „Park des Berges der Mitte", Getränke verkauft. „Sie ist nur deshalb noch immer dort, weil sie wirklich gut mit Menschen umgehen kann. Schon oft hat die Polizei sie dort wegschaffen wollen, aber jetzt versuchen sie es erst gar nicht mehr, grüßen sie freundlich und finden auch, dass es ohne sie viel langweiliger wäre." Sie lacht, und sieht wieder stolz aus.

„Warst du denn auch oft im Park, oder ist nur deine Kusine so eng mit ihr aufgewachsen?", möchte ich wissen. „Während aller Ferien waren wir Kinder da. Alle! Es ist doch der Traum eines jeden Kindes, Verkäufer zu spielen, und wir hatten dazu sogar einen echten Laden. Später hatten wir außerdem einen Würstchenstand, und von den

Würsten durften wir so viel essen, wie wir wollten. Ich war etwa neun oder zehn Jahre alt und war bald fast Cola-abhängig. Aber stell dir vor: Wie praktisch! Wir sind nicht einmal mittags nach Hause gefahren, denn wir konnten im Park umsonst essen und den ganzen Tag spielen. Vielleicht hat es sogar den Verkauf angekurbelt, denn Kunden finden Kinder, die einem etwas verkaufen, immer total niedlich." – „Wer hilft ihr denn heute? Ihr seid ja alle weg und studiert und arbeitet!" – „Zu weiten Teilen macht sie alles alleine. Ihr Mann und sie leben getrennt. Morgens um sechs oder sieben bereitet sie ihre Getränke in einem kleinen Anhänger vor, den sie selbst ziehen kann. Der Kühlschrank ist auch auf diesem Anhänger, und den bugsiert sie dann hinüber zum Park. Es sind bloß fünf Minuten zu Fuß." Ich denke darüber nach, dass der Park der alten Dame vermutlich ein Stück heile Welt bietet. Wenn sie von ihrem Mann getrennt lebt und ihr Sohn krank ist, dann ist der Kiosk vermutlich das Refugium, das sie zum eigenen Überleben braucht. Jeder Mensch benötigt ein Umfeld, in dem er sich wohl fühlt, Bestätigung erhält und die Rolle spielen kann, in der er sich selbst am liebsten sieht. Und findet man das nicht in seinen eigenen vier Wänden, dann sucht man es außerhalb. Es ist ein Segen, dass Yang so eine Großmutter hat. Ohne sie hätte ich Yang nicht kennengelernt, denn bestimmt hätte sie ihr Studium in der Schweiz ohne diese Großmutter nicht finanzieren können.

Worin bloß die Arbeiter in dieser Shenzhen-Fabrik ihr Refugium und ihre Anerkennung finden? Wir sprechen darüber, doch so richtig beantworten kann sie meine Frage nicht. Sie sagt, dass die Tatsache, dass die Fabrik sich um die Angestellten kümmert, ihnen Essen und einen Schlafplatz zur Verfügung stellt und ihnen noch umgerechnet fünfzig Dollar Taschengeld pro Monat gibt, für die meisten Grund genug ist, um zehn Stunden täglich zu arbeiten. „Selbstverwirklichung, Fortbildung, eigene Entwicklung – von so etwas, Kathi, sind wir noch alle weit entfernt. Das will auch niemand, und ich finde es auch bei euch etwas zu weit getrieben."

Darüber denke ich nach, als ich am Fluss zurück Richtung Mai Zi Dian schlendere. Mir kommt das Selbstfindungswochenende beim Berg-Yoga in den Sinn oder Freunde von mir, die selbständig sind und darin ihre Verwirklichung sehen. Der Mensch strebt doch einfach nach etwas Höherem, und hat er seine Grundbedürfnisse gedeckt, dann sucht er sich neue Ziele, die er erreichen will. Wir sind schon nimmersatt, denke ich, und freue mich auf einen ruhigen Abend. Ich werde dann meine Blumenkerze aus Shenzhen anzünden und bei Rotwein, gehüllt in eine Wolldecke, weiter über diese philosophische Grundfrage nachdenken, über mein persönliches Lebensziel. Und während ich mir alles zurechtmache, merke ich, dass ein Grundbedürfnis gerade mangelhaft abgedeckt ist – das nach Wärme in der Wohnung. Denn die Heizungen werden in ganz Peking zentral alle an einem Tag im späteren November eingeschaltet – und wenn die Erfüllung von Bedürfnissen zentral geschaltet ist, dann kümmert man sich auch nicht darum, wenn eines gerade mal nicht erfüllt ist. Ändern kann man dann nämlich sowieso nichts.

十二月

Dezember

ENDLICH IST ES SO KALT, dass der See im Houhai-Park zugefroren ist, alle meine Kolleginnen fleischfarbene Leggins unter ihren Strumpfhosen tragen und ich nur noch mit Socken und Pullover ins Bett gehe – ohne erkältet zu sein. Es hat etwa fünf Grad minus, gefühlt aber 15 Grad kälter, denn mit hoher Geschwindigkeit frisst sich der scharfe Wind unter die Haut.

Nicht nur die Kälte lässt mich fast erstarren, sondern mir setzt auch die Angst zu, Peking vielleicht bald verlassen zu müssen. Wenn ich jetzt durch die Stadt gehe, berührt mich der Anblick einer jeden Pekinger Straßenszene besonders, auch die Betrachtung der Menschen und ihre sympathische Einfachheit oder die Schönheit alter Gassen und Häuser – wie zu Anfang meiner Zeit in China. Wenn mir der mögliche Abschied aus Peking in den Sinn kommt, dann schrecke ich jedes Mal aus meinen alltäglichen Gedanken hoch. Ich schaue die vor mir liegende Straße hinunter und beobachte, wie die letzten braunen Blätter sich verzweifelt an den Ästen zu halten suchen. Dann frage ich mich, ob ich Peking wirklich schon aufgeben möchte. Meine Stirn legt sich in Falten und ich beginne, nervös auf dem Inneren meiner Wangen zu kauen oder auf meine Lippe zu beißen – doch zu einer Antwort gelange ich nicht. Dreißig Bilder pro Sekunde schnellen durch meinen Kopf, beginnend mit meinen ersten Pekinger Gehversuchen, sich fortsetzend mit der ersten Erinnerung an meine chinesische Wohnung, die mit meiner ersten Mitbewohnerin Elli ein warmes Gesicht bekam und seither nie verloren hat – Menschen, Orte, Momente sind es, an die ich mich auf einmal klammere, die ich nie vergessen möchte. Der Gedanke, den täglichen Kontakt mit Pam, Nadine und Jöran missen zu müssen, jagt mir blanken Schrecken ein. Und es stimmt mich einfach nur traurig, nicht mehr das trubelige Durcheinander auf Pekings verstaubten Straßen beobachten zu können.

Doch wie viel würde ich andererseits durch einen Rückzug gewinnen? Endlich wäre es nicht mehr selbstverständlich, bei sämtlichen Familienfesten zu fehlen. Wie meine liebe Freundin Amelie könnte ich mal ein Wochenende nach London oder Barcelona fliegen, um Freundschaften zu pflegen und Ausstellungen zu besuchen. Ich müsste mir keine Gedanken mehr über meine durch Luftverschmutzung geschädigte Lunge machen, könnte das Studentenleben meines Bruders auch mal aus der Nähe betrachten und bei Freunden überraschend auftauchen, genau dann, wenn sie einen eben brauchen. Mein Tagesablauf wäre berechenbarer, sicherlich routinierter. Mehr Ruhe hätte ich wohl auch und kochen und waschen lernen würde ich endlich – auch wenn mir das nicht wirklich wünschenswert erscheint.

Die Hoffnung, in meinem Hotel ein weiteres Jahr arbeiten zu können, habe ich noch nicht aufgegeben. Und so nutze ich die drohende Gefahr eher als Motivation, wieder viel in Peking zu unternehmen und an Orte zurückzukehren, an denen ich länger nicht mehr war. Außerdem will ich so viel Zeit mit meinen Freunden verbringen wie nur irgend möglich. Heute haben wir uns zum Schlittschuhlaufen auf dem Houhai-See verabredet. Voller Vorfreude breche ich

schon frühzeitig auf, um vor dem Treffen noch einen Yun-
nan-Kaffee in meinem liebsten Café namens „No Name"
zu trinken, das malerisch direkt an einer kleinen Marmorbrücke liegt.

Entlang der Promenade des Liangma-Flusses spaziere ich
Dongzhimen entgegen, um erst dort ein Taxi zu nehmen.
Viel zu selten gehe ich zu Fuß, entweder kommt es mir
nicht in den Sinn, oder ich habe keine Zeit. Es ist ein schöner Morgen mit einem hellblauen, klaren Himmel und
einer alles erleuchtenden Sonne, die die Blätter der in den
Fluss hängenden Weiden wie mit Röntgenstrahlen durch-
dringt. Ich habe mir abgewöhnt, immer eine Kamera bei
mir zu tragen, und versuche stattdessen, die Anblicke, die
Geräusch- und Geruchskulissen in meinem Gehirn einzu-
schließen. Nur so kann ich auch in Zukunft Peking an jedem Ort genießen, indem ich einfach meine Augen schließe und diese Erinnerungen wieder aufleben lasse. Das ist
ein sehr beruhigender Gedanke, denn es ist eine Methode,
die auch geklappt hat, wenn ich mal die Lüneburger Heide
oder Hamburg vermisst habe. Wäre ich jetzt also bereit
zu gehen oder nicht? Ich bin noch nicht fertig mit Peking,
ich habe noch nicht das Gefühl, genug entdeckt zu haben,
um dieses Lebenskapitel abschließen zu können. Die Beziehung zu dieser Stadt ist sehr fordernd, vielleicht genauso wie eine gute Ehe. Sie ist nicht einfach und niemals ein-
tönig, sondern eher inspirierend, abwechslungsreich und
erfüllend. Sie darf dich niemals erdrücken, sondern soll
dich ständig vorantreiben und gleichzeitig mit offenen Armen einen Ort der bedingungslosen Akzeptanz und Ruhe
bieten. So ist Peking. Peking ist nicht makellos, sondern
voll von liebenswerten Fehlern. Peking öffnet seine Seele
niemandem auf Anhieb – mit vielen neugierigen Blicken

muss man diese Stadt erforschen und sie dann als das akzeptieren, was sie ist, um endlich – eng umschlungen und Hand in Hand – eine kostbare, verlässliche Freundschaft zu leben.

Trotz der eisigen Jahreszeit sitzen wieder Fischer im Wind, andere Männer haben sich zu ihnen ans Flussufer gesellt, und bestimmt fachsimpeln sie über die beste Technik des Fischens. Vom schnellen Gehen endlich etwas gewärmt lockere ich meinen Schal, der sowieso ein wenig kratzt. Mein soeben in Gebrauch genommener iPod spielt Sade, die mit ihrer sanften Stimme passend zu meinem Gedankengang „I couldn't love you more if time was running out" singt und von einer ungewöhnlichen Liebe erzählt. Ungewöhnlich, ja, das trifft ins Schwarze, denke ich. Vom Fluss weg gehe ich in eine kleine Seitenstraße weiter in Richtung Dongzhimen, einem großen Verkehrsknotenpunkt am 2. Ring. Die Hauptstraße, die dorthin führt, ist von großen, teuren Wohntürmen für Ausländer gerahmt, hinter denen sich niedliche Gassen mit versteckten Obst- und Gemüsemärkten verbergen, wie ich erst jetzt feststelle. Zwischen diesen Ständen werkelt ein alter Mann in einer blauen Arbeiterjacke und einer Cordmütze, der unter freiem Himmel an diesem kalten Tag Fensterrahmen zusammennagelt. Seinem rechten Schuh fehlt ein Schnürsenkel, und so fallen die Seiten der Lederstiefel vom Knöchel bis zum Boden herab. Davon ungestört zieht er ruhig an seiner Pfeife, die fest in seinem Mundwinkel hängt.

Nach einer kurzen Taxifahrt, immer geradeaus, habe ich Houhai erreicht. Voll ist es hier, und sehr eng sind die Gassen, die zum See führen. Ein kleines Café reiht sich ans nächste, unterbrochen von Souvenirläden und belebt durch viele Straßenkünstler. Sie blasen Tierfiguren aus einer Zu-

ckermasse oder basteln Insekten aus Grashalmen. Tinten-
fische und Tofu-Spieße ragen aus der dunkelroten, öligen
Flüssigkeit der Garküchen, und daneben verkauft eine junge Frau Vogelkäfige und Hundewelpen. Das Straßenleben
nimmt trotz der Kälte nicht ab, es ist eben wahr, es gibt
kein schlechtes Wetter, nur falsche Kleidung. Mein Lieb-
lingscafé ohne Namen hat eigentlich keine wirkliche Tür.
Zwei dicke, rote Daunendecken bilden einen schweren Vorhang und halten die Kälte etwas von den wenigen Gästen
ab. Wie jedes Mal ist es hier herrlich ruhig, doch das Auge
ruht nicht. Alte Möbelstücke in allen erdenklichen Farben
füllen den Raum mit einer lebhaften Atmosphäre. Die roten und gelben Wände, verziert mit schönen Chinafotos,
wollen jeden Gast heiter stimmen, und auch die dünnen,
fast brüchig erscheinenden Fensterscheiben passen zu dem
zusammengewürfelten Mobiliar. Alle Ecken und Fensterrahmen hier sind sehr schlecht und nur behelfsmäßig ab-
gedichtet, überall sieht man unzweckmäßige Versuche, das
Eindringen des Windes, beispielsweise mit Tesafilm, zu verhindern. In der Mitte des Cafés steht daher ein schwerer
Eisenofen, in dem ein Feuer brennt, und auch leise Jazz-
musik oder tibetische Gesänge erwärmen das Herz.

Vor dem Fenster spielen Straßenmusiker. In dicke Jacken
gehüllt sitzen sie auf dem Boden und singen in voller Lautstärke und recht schrill. Eines der Lieder hat im Refrain
eine kurze, auf wenige Töne begrenzte Ähnlichkeit mit einem mir bekannten Lied, ich überlege und überlege. Da
fällt es mir ein – es ist Hildegard Knef. Ich weiß gar nicht,
wie es eigentlich heißt, doch sofort kommen mir die Zeilen des Ohrwurms in den Sinn, ich kenne sie auswendig:

„Ich möchte am Montag mal Sonntag haben
und ‚Feierabend' vorm Aufstehen sagen,
ich möchte ganz sorglos verreisen können
und Erdteile wie meinen Garten kennen.

Ich möchte mal etwas ganz Nutzloses kaufen
und barfuß allein durch den Kongo laufen,
ich möchte mit dir nach Australien fliegen
und Sonnenbrand am Mississippi kriegen.

Ich möchte im Winter mal Sommer haben
und nachts in römischen Brunnen baden,
Ich möchte mal in Juwelen wühlen
und mich als Schwan unter Enten fühlen."

Genau so, so und nicht viel anders stelle ich mir auch mein
Leben vor. Gefüllt soll es sein, mit vielen verschiedenen
Dingen gleichzeitig. Es soll farbenfroh daherkommen und
niemals langweilig. Doch werde ich das erreichen? Ein
ewiger „Expat" im Ausland will ich ja auch nicht werden,
die Balance zu finden ist da wohl die größte Herausforderung.

Hinter den Musikern bietet sich die allerschönste Win-
terszene, denn auf dem zugefrorenen See laufen Hunderte von Kindern und Erwachsenen Schlittschuh. Viele sind
auch einfach zu Fuß unterwegs, gehen mit ihren Hunden
auf dem See spazieren und weichen immer wieder den
Eislaufkünstlern aus. Inmitten des Eises befindet sich eine
kleine Insel, auf der ein Pavillon steht. Im Sommer ist das
ein Restaurant, das man den Winter über geschlossen hat.
So bietet es uns einfach eine malerische Kulisse. Schneebedeckt ist das graue Dach des Pavillons, kleine Eiszapfen
hängen von allen Ecken herab. Ein kalter Luftzug zieht

plötzlich ein, und eine hohe Gestalt mit braunem Locken-kopf und langer Strickjacke stolpert etwas linkisch ins Café. Es ist Eelco, der jetzt auf meinen Tisch zusteuert und mich erfreut begrüßt. Nachdem ich diesen wunderbaren See lange beobachtet habe, will ich mich nun selbst aufs Eis wagen. Wir brechen auf und stoßen zu fünf weiteren Freunden, die bei einem der vielen Schlittschuhverleiher bereits auf uns warten.

Ich sehe mich schon bald vor Fußschmerzen hinken, weshalb ich extra dicke Socken angezogen habe. Beim näheren Hinsehen allerdings bemerke ich, dass der Stand eine Vielzahl von Gefährten verleiht, mit denen man sich über das Glatteis bewegen kann. Jetzt, da wir auf der ande-ren Seite des Sees angekommen sind und ihn in seiner ganzen Breite betrachten können, fällt mir auf, dass etwa die Hälfte der Menschen auf dem Eis auf Schlitten sitzt, die sie mit langen Stöcken fortbewegen. Manche haben auch ihre Kleinkinder auf diesen Schlitten platziert, oder sie benutzen einfach nur die Stöcke zusammen mit einem ganz normalen Stuhl, um sich auf diesem über das Eis zu schieben. In einer höheren Preiskategorie verleiht der Herr auch Eisfahrräder, Gefährte, die wie ein kleines Fahrrad gebaut sind, vorne auf Kufen stehen und hinten auf einem Rad mit Spikes fahren. Schnell entscheiden wir uns alle für dieses Fortbewegungsmittel, denn so schmerzen weder die Füße, noch muss man sich mühsam auf den Schlitt-schuhen halten.

Los geht's. Wir wählen Räder in verschiedenen Farben und rasen zunächst so schnell es geht in Richtung Pavil-lon. Oftmals kollidieren wir beinahe mit Kindern oder mit Frauen, die sich von ihren Männern stützen lassen, denn es scheint ihr erstes Mal auf dem Eis zu sein. Die Band-breite an chinesischen Aktivitäten auf dem Eis ist legendär, fast erinnert mich der See an das Hamburger Alstervergnügen, das es leider schon seit vielen Jahren aufgrund zu hoher Temperaturen nicht mehr gibt. Alle Freizeitbeschäftigungen hier sind aber wesentlich einfacher gestaltet und es wird viel improvisiert. Männer haben sich umgedrehte Holzkisten auf das Eis gestellt, sitzen darauf, spielen Mahjong und trinken Bier. Anderswo spielen Menschen mit einem Holzpuck Eishockey, als Tor dient ein mit Blechdosen abgestecktes Areal. Wir schneiden uns gegenseitig und jeder versucht, als Erstes am Pavillon anzukommen. Je schneller wir fahren, umso mehr Eissplitter fliegen rechts und links von uns in die Höhe. Der Wind lässt meine Wangen taub werden, und Eelco zieht sich die Strickjacke über die Hände, um sie vor Eis und Kälte zu schützen. Ich gewinne nicht. Eelco überholt mich laut jubilierend und kommt kurz vor einer Absperrung an der Seite der kleinen Insel zum Stehen.

Was für ein Segen, denn dieses schwer auszumachende Seil, mit kleinen, bunten Fähnchen behangen, begrenzt ein kreisrundes Loch, das zum Schwimmen freigehackt wurde. Ein Herr mit pinkfarbener Bademütze schwimmt gemütlich darin und lacht Eelco an, der nun sprachlos am Rand steht. Als ich dazustoße, kommt gerade ein weiterer Mann wie selbstverständlich in einer engen, grünen Badehose über das Eis gelaufen, und plötzlich sieht eher Eelco in seiner Strickjacke auf dem roten Fahrrad deplatziert aus, und nicht die Herren in Badehosen. Wir beobachten, wie der Mann ins Wasser springt und laut prustend und mit hochrotem Kopf seine ersten Bahnen zieht. Weder der Herr mit der pinkfarbenen Bademütze noch der Mann in der grünen Badehose wirken außergewöhnlich sportlich. Beide sind eher älter und schieben stolze Bäuche vor sich her. Der eine steigt nun wieder heraus, grinst über das ganze Gesicht und trommelt sich erfrischt auf seine Wampe. Dann schlüpft er in seine hellblauen Plastikbadeschlappen, wirft ein kleines Handtuch über seine Schultern und schlendert übers Eis davon.

Etwas verträumt und überrascht blicke ich ihm hinterher, und kurz bevor er den Rand des Sees erreicht, sehe ich da eine Frau stehen, die mir zuzuwinken scheint. Ich schaue mich um, denn hier sind so viele Menschen, dass ich es unwahrscheinlich finde, dass wirklich ich gemeint sein soll. Ich ziehe Eelco zu Rat, und auch er meint, dass die Dame wirklich versucht, gerade meine Aufmerksamkeit zu erregen. Vorsichtig fahre ich mit meinem kleinen Eisrad in Richtung der Frau, die nicht zu hüpfen aufhört. Ich überhole schon den Mann in Badehose, der uns gerade verlassen hat, bin fast am Geländer angekommen, doch noch immer erkenne ich die Dame nicht. Endlich sehe ich, wer es ist – Gao Yang steht da, die ich zunächst nur an ihrer hellroten Handtasche erkenne. Sie trägt eine russische Fellmütze, die ich vorher noch nie an ihr sah und die sie vollkommen fremd aussehen lässt. „Kathi, darf ich dir meine Mutter vorstellen? Das ist meine Mutter." Ich bin ganz außer mir vor Freude, hat sie mir doch schon so viel von ihren Eltern aus Shenyang erzählt. „Es freut mich sehr, Sie kennenzulernen!", begrüße ich Frau Gao, und sie lächelt mich an, antwortet aber nicht. Hilfesuchend blickt sie Gao Yang an, die übersetzt. Schnell steige ich vom Rad, umarme Yang fest und verbeuge mich dann vor ihrer Mutter, ich will meinen Respekt zeigen. Wie viel Grausames müssen sie mitgemacht haben. Und dennoch haben sie einen offenen Geist behalten und es geschafft, ihre Tochter in die Schweiz zu schicken. Ich suche nach einem Anknüpfungspunkt für eine Unterhaltung und frage dann auf Chinesisch: „Wie lange bleiben sie Beijing?" Frau Yang ist entzückt und klatscht in die Hände. „Ausgezeichnet!", ruft sie und lobt meine Aussprache. Yang zieht ein großes Handtuch aus ihrer knallroten Handtasche hervor, ruft laut „Hier Papa, fang!" und wirft es dem Herrn mit der pinkfarbenen Bademütze zu. Frau Yang erzählt mir, dass sie nur wenige Tage in Beijing bleiben können, um ihre Tochter zu sehen, und dann wieder mit dem Zug nach Shenyang zurückkehren müssen. „Kommen Sie uns doch mal besuchen!", sagt sie, und Yang übersetzt, als die Mutter mir in Aussicht stellt, dass sie dann meine liebsten China-Gerichte für mich kochen werde. Sie brechen auf, denn heute Abend kocht die Mutter für Yang. Ich habe Frau Gao verschwiegen, dass ich ja eventuell bald nicht mehr in Peking leben würde und nicht weiß, ob ich sie jemals besuchen kann. Doch dieses schwierige Thema wollte ich jetzt nicht ansprechen.

Nach vielen weiteren Eisrennen haben wir genug, und mein fotografisches Gedächtnis hat die Idylle der Menschen auf dem Eis mit dem Pavillon und dem Glockenturm im Hintergrund hoffentlich gut in meine Peking-Erinnerungen eingeschlossen. Obwohl ich nicht die Schlittschuhe gewählt hatte, sind meine Füße taub und schmerzen jetzt beim Gehen. Eine heiße Schokolade wird helfen, da bin ich sicher, und so brechen wir zu einem nahe gelegenen Café auf.

Lange kann ich nicht mehr bleiben, denn heute Abend ist wieder schottisches Tanztraining – ein weiterer Grund, weshalb ich mein Leben in Peking noch nicht aufgeben möchte. Man ist hier nicht nur Ausländer unter Chinesen, man ist Ausländer in der multinationalen Gesellschaft aller Ausländer in Peking. So war es möglich, in China den englischen Volkssport Rugby zu erlernen. „Beijing She

Devils", so heißt unser Team, und Damen aus Frankreich, England, Australien, Togo, Neuseeland, Holland, Deutschland und China bilden die Mannschaft. Mit dem Beginn der Winterpause habe ich, angespornt durch einen Freund, mit schottischem Tanz begonnen. Wieder findet sich ein komplett internationales Publikum zusammen und lässt schottische Traditionen hochleben. Zu Tänzen namens „Gay Gordons" oder „The Duke of Perth" entwickelt plötzlich jeder noch so grobmotorisch veranlagte Mensch eine gewisse Leichtigkeit, hüpft von einem Fuß auf den anderen und verschränkt dabei elegant seine Arme hinter dem Rücken. Auf dem Ball der „Caledonian Society", den wir letzte Woche gefeiert haben, zogen etwa hundert Paare Arm in Arm in den Ballsaal ein, angeführt von einem Dudelsackspieler. Wir hoben unser Glas auf die Queen, eine Geste, zu der ich in meinem Leben bestimmt nicht vorgestoßen wäre, hätte ich mich nicht für das Ausland entschieden. Und als sich dann ein Chinese im Kilt auf meiner Tanzkarte einträgt, wird mir bewusst, dass es schon ziemlich skurril ist, all das hier zu erleben – als Deutsche mit Chinesen im schottischen Kilt den „Duke of Perth" tanzend. Auch der britische Humor fehlt an diesem Abend nicht. „No, the other right hand", sagt Lady Liz zu mir, als sie uns verschiedene Tanzfiguren beibringt.

Momentan sind es aber doch eher die eigenen Traditionen, auf die ich mich ganz besonders freue. Weihnachten, das schönste Fest des Jahres, steht vor der Tür, und ich werde es zu Hause in Deutschland feiern. Anders als Ostern ist Weihnachten auf den Pekinger Straßen zwar optisch präsent, denn bunte Lichterketten sollen an dieses besinnliche Fest erinnern. Es ist aber nicht so gemütlich wie im Kreise der Familie und wie in einem Deutschland, das sich ab

Oktober schon darauf freut. Um auch in Peking ein wenig deutsche Weihnachtstradition zu haben, tut sich die Community zusammen und organisiert alljährlich den „German Christmas Bazaar" auf dem Botschaftsgelände, bei dem mehrere tausend Menschen erscheinen. Er findet am ersten Dezemberwochenende statt, ein Chor mit nikolausbemützten Sängern stimmt deutsche Weihnachtslieder an. Hunderte von Menschen tummeln sich dann eng an eng auf dem Vorplatz der Botschaft, stellen sich lange an den Glühweinständen an, um sich aufzuwärmen, essen sich durch Pilzpfannen, Ofenkartoffeln, Bratwürste und Kartoffelpuffer und nehmen zum Abschluss noch ein teures Lebkuchenhäuschen mit, das für einen guten Zweck verkauft wird. Man trifft so gut wie alle Deutsche, die in Peking leben, und falls man sich nicht gut kennt, redet man zumindest darüber, wie sehr man sich auf seinen Weihnachtsurlaub freut. In der nächsten Woche folgt meist Händels „Messias", der jedes Jahr vom „International Festival Choir" in dem an den Kaiserpalast angrenzenden Zhongshan-Park aufgeführt wird, und zwar in der darin liegenden Konzerthalle.

Ich male mir meine Hamburg-Ankunft schon in Gedanken aus, wie meine Geschwister am Gate in Hamburg stehen und mich in Empfang nehmen werden. Ob mein Bruder wohl Blumen kauft, und welchen Wintermantel Lenchen tragen wird? Vielleicht darf ich sogar am Steuer sitzen, wenn wir von Fuhlsbüttel in die Heide fahren? Nein, bestimmt lassen sie mich nicht, denn ich bin seit einem Jahr nur Taxi gefahren. Ich sehe unser Bauernhaus vor mir liegen, ganz verschneit. Jeder Fensterkasten ist von weichem Kerzenschein erleuchtet, und nur wenige Lichter sind im Hause an. Beim Eintreten in unseren Flur spielt meist schon Weihnachtsmusik im Wohnzimmer, der Prosecco steht kalt und es duftet nach einem wunderbaren Abendessen, das meine Mutter gekocht hat. Dann geht die Küchentür mit einem Ruck auf, und mit tränenerfüllten Augen kommt meine Mutter mir mit offenen Armen entgegen. Mit viel Glück darf ich auch schon die liebevoll aufgebaute Krippe bestaunen, die mein Vater alljährlich mit echtem Moos und Heidesand kreiert. Ich erinnere mich an das knirschende Fahrgeräusch der Reifen, wenn man auf den verschneiten Dorfplatz einbiegt. Was für Käse wird mein Vater, der diese Leidenschaft mit mir teilt, eingekauft haben, und wird es meinen geliebten Krabbensalat geben? Unbändig freue ich mich auch auf Sabina, Louise, Arne, Amelie und Rike, meine liebsten „zu Hause"-Freunde, mit denen wir jedes Jahr einen Winterspaziergang machen, bevor wir uns über die Weihnachtstage dann nur im Kreise unserer Familien aufhalten. Weihnachten ist zu Hause am schönsten, das steht für mich fest. Doch werde ich danach wieder zurück nach Peking fliegen – oder umziehen und in Deutschland arbeiten? Hoffentlich fällt bald eine Entscheidung.

Auch heute, eine Woche nach dem schottischen Ball, ist der Kurs sehr gut besucht, und es dauert nicht lange, bis ich, nach Eisrennen und wilden Tänzen ermattet, nach Hause fahre und ins Bett falle. Verschwitzt schrecke ich einmal nachts hoch, denn ich träume wirr von unserem Weihnachtsbaum in meiner Pekinger Wohnung und von meinen chinesischen Arbeitskollegen beim Weihnachtsspaziergang. Es bleiben mir nur wenige Tage, bis ich nach Deutschland fliege. Ich muss noch Geschenke einkaufen, denn von dem tollen Marktangebot hier soll jeder meiner Freunde profitieren. Ob ich überhaupt meine ganze Wohnung in meine Koffer bekomme? Und wem schenke ich die ganzen Möbel und gelesenen Bücher, die nach Hause zu schleppen sich nicht lohnt? In jedem Fall muss ich nun herausfinden, ob ich denn endgültig umziehe oder nicht – so viel steht fest.

Entschlossen spreche ich am nächsten Morgen meinen Vorgesetzten darauf an. Ich soll mich noch etwas gedulden, sagt er, vielleicht wird morgen alles entschieden. Noch einen Tag, das finde ich ganz schön lang, doch die viele Arbeit lenkt mich von dieser Wartezeit gut ab. Nachmittags klingelt mein Telefon und der Hotelconcierge ist am anderen Ende. Ein Paket sei für mich eingetroffen. – Ein Paket? Ich wundere mich, doch freue mich auch, denn er sagt, es sei von der Deutschen Post, was eher auf etwas Privates hindeutet. Sofort lasse ich Stift und Taschenrechner fallen und eile in die Hotellobby. Unser Concierge David händigt mir ein gelbes Päckchen aus. Etwas verlegen schaut er mich an und tritt nervös von einem Fuß auf den anderen. Als ich mich zum Gehen umdrehe, spricht er mich an. „Kai Na", sagt er, fast erleichtert darüber, mich angesprochen zu haben, wobei wir sonst ein unheimlich lockeres und nettes Verhältnis haben. „Yes, David?", ich lächle ihn erwartungsvoll an. „Du kennst doch Jason, der bei uns an der Rezeption arbeitet, oder?" – „Ja natürlich, ich kenne Jason schon recht lange und war mit seiner Freundin Kelly sogar in derselben Uni." – „Ja, ja, ja!", sagt er, wirklich dreimal hintereinander, macht einen ganz kleinen Luftsprung, denn zu mehr kann er sich vor unseren Gästen nicht durchringen, und ergreift einen Stift und Zettel. Dabei spricht er weiter. „Genau deswegen wollte ich ja mit dir reden. Kelly ist wie eine Schwester für mich, und ich wusste ja nicht, dass du ihren Freund so gut kennst." Er kritzelt Zahlen auf das Blatt. „Hier ist meine Handynummer. Wenn ich jemals irgendetwas für dich tun kann, sag mir einfach

Bescheid. Wenn Kelly wie eine Schwester für mich ist, dann bist du das jetzt auch."

Wenn man das Paket schüttelt, wackelt etwas darin; was genau, das werde ich erst in meinem Büro erforschen können. Sehr schwer ist es nicht, aber recht groß. Zurück an meinem Schreibtisch hole ich umgehend eine Schere hervor und mache mich daran, das Paket zu öffnen. Ich freue mich unbändig und bin sehr auf den Inhalt gespannt, der mich da Mitte Dezember erreicht. Ich reiße den letzten Paketbandstreifen ab und sehe die ersten Päckchen, gewickelt in rotes Seidenpapier, die um einen Schokoladenweihnachtsmann mit eingebrochenem Gesicht liegen. Sofort erkenne ich, dass es der selbstgemachte Adventskalender meiner Mutter ist, der mich heute etwas verspätet erreicht. Ich bin sehr gerührt, blicke heimlich um mich, um sicherzustellen, dass keine Kollegen mich beobachten, denn es ist eine sehr intime Situation, die ich weder teilen noch erklären möchte. Ich will sie ganz für mich genießen, und wieder spüre ich plötzlich mein Herz schneller schlagen. Mein Blick bleibt an der Postkarte hängen, die die alte Egestorfer Kirche schneebedeckt zeigt. Aus meinem Computer ertönt ein helles „Kling", mich erreicht eine E-Mail. Sie ist von meinem Chef, und im Betreff steht „Vertrag". Ich öffne sie, und da steht, dass ich bitte zur neuen Vertragsunterzeichnung morgen zu ihm kommen sollte. „Herzlichen Glückwunsch", schreibt er dann noch, und ich sitze wie angewurzelt in meinem Stuhl. Da habe ich es also schwarz auf weiß, ich bleibe in Peking. Jetzt weiß ich nicht mehr, ob ich mein Herz spüre, da ich von dem weihnachtlichen Gruß so gerührt bin und Weihnachten in Deutschland kaum erwarten kann, oder ob ich mich einfach so sehr darüber freue, in Peking bleiben zu können. Wie wird meine Familie reagieren! Denn was für ein Jahr geplant war, daraus werden jetzt mindestens zwei. Später rufe ich sie an, denke ich, und setzte zunächst meine vorhin begonnenen Rechnungen fort. Nur ab und zu blicke ich ins Gesicht des etwas ramponierten Nikolaus, zwinkere ihm zu und freue mich insgeheim über beides, über Peking und die bevorstehende deutsche Weihnacht.

Reisen in den Alltag

Barbara Baumgartner
Ein Jahr in Barcelona
Reise in den Alltag
Band 5823

Bei Barbara Baumgartner geht es um Engländer und Deutsche, Andalusier und Südamerikaner, um die beiden Hälften der Stadt, das glitzernde Meer und das wunderbare Licht.

Maria Rosaria Di Palo
Ein Jahr in Montreal
Reise in den Alltag
Band 5832

Französischer Charme und amerikanische Leichtigkeit – Maria Di Palo erzählt von der Stadt, die das Beste aus Alter und Neuer Welt verbindet.

Nadine Sieger
Ein Jahr in New York
Reise in den Alltag
Band 5946

Penetrante Hupkonzerte und unablässig drängende Menschenmassen, die erste Wohnung in Harlem als gefühlte einzige Weiße und das kollektive Truthahn-Essen an Thanksgiving – ein Jahr in New York!

Andrea Thiele
Ein Jahr in der Toskana
Reise in den Alltag
Band 5729

Andrea Thiele hat gemacht, wovon viele träumen: Sie hat Regen und Nebel den Rücken gekehrt und sich im sonnigen Herzen der Toskana niedergelassen.

Cornelia Tomerius
Ein Jahr in Istanbul
Reise in den Alltag
Band 5770

„Sie wissen nicht, wie sich die Stadt verändert, wenn Ramadan ist. Sie wissen nicht, wie unglaublich bürokratisch es hier ist – und dann wieder südländisch unkompliziert".

HERDER spektrum